教 书

TReaching

冷玉斌 ——

著

教书·读书

中国人民大学出版社

·北京·

图书在版编目（CIP）数据

教书·读书 / 冷玉斌著. —北京：中国人民大学
出版社，2017.7

ISBN 978－7－300－23741－1

Ⅰ.①教… Ⅱ.①冷… Ⅲ.①小学语文课—教学研究
Ⅳ.① G623.202

中国版本图书馆CIP数据核字（2016）第304215号

教书·读书

冷玉斌　著

Jiaoshu · Dushu

出版发行	中国人民大学出版社		
社　　址	北京中关村大街31号	**邮政编码**	100080
电　　话	010－62511242（总编室）	010－62511770（质管部）	
	010－82501766（邮购部）	010－62514148（门市部）	
	010－62515195（发行公司）	010－62515275（盗版举报）	
网　　址	http://www.crup.com.cn		
	http://www.ttrnet.com（人大教研网）		
经　　销	新华书店		
印　　刷	北京华宇信诺印刷有限公司		
规　　格	720 mm × 1000 mm　1/16	**版　　次**	2017年7月第1版
印　　张	13 插页1	**印　　次**	2023年7月第7次印刷
字　　数	200 000	**定　　价**	49.80元

▪ CONTENTS ▪ 目 录

下篇　读书

第一辑　经典味道

第二辑　童书绿荫

一天天读书， 一天天教书

冷玉斌是我的好友。他憨厚而低调，于是他很容易被人遗忘。

可就是这样一位不起眼的小伙子，竟是教育部"国培计划"北京大学小学语文课程开发及教学指导专家。

如果你读了他参与编写的《救救孩子：小学语文教材批判》，你就不得不为他对教材的深邃理解而折服；如果你浏览了他主编的《家庭学校》，你就不得不为他的教育视野而喝彩。他还主持了"'亲近母语'儿童哲学课程研究"课题，担任《基础教育课程》杂志的小学语文培训学科顾问……

献出更多教育的善意

一直以来，冷玉斌都在江苏省兴化市的一个小镇生活、教书。

他目睹了村小被撤并、学生长期留守且身心成长受阻等令人痛心的景象。看着自己班上的孩子，他常常不自觉地感到难过。当一些孩子穷得还在为一本五毛钱的本子哭泣时，他感到，所有的教育都难有成果。

于是，畏缩、自卑、短视随之而起。

冷玉斌也不例外，他也无望、无助过，也焦虑、忧伤、慌张过。

可是，乡村何辜？于是他选择了阅读，他坚信能够在阅读中获得力量

1

和自信，也坚信能够在阅读中构筑一个心中的广袤世界。

他读到王小妮《上课记》序言中的一段话："在今天，一个自认的好人总不能什么也不做，总不能继续束手待亡。哪怕多数人都在侧目观望，认为我做的这些全无意义，渺小微弱，甚至是飞蛾扑火。如果它完全是徒劳的，也要让这徒劳发生。"这时，他忽然明白，在乡村，在这个时代，他所做的、所说的，即使是徒劳的，但在发生的那一刻，依然有它深远的意义。于是，他说，"总得有人去擦星星"，"即使你不见得就能擦亮星星，但对星星而言，这种被爱的温暖，还是可贵的"。

是的，的确可贵。因为有了阅读，他挺住了。阅读，尤其是和孩子们一起阅读，使他安定了下来，让他明白了自己的身份和定位，悟出了"理想的教育无非是师与生都成长为真正的人"这个道理。

其实，冷玉斌所做的，无非是些琐事。

比如，因为自己喜欢读书，他便也希望学生能通过阅读拓展眼界，增长见识，让他们向着明亮那方发展。他开过童书讲堂，每周一次；也曾设法下载好的儿童影片，在班上和学生一起欣赏。从 2004 年开始，他在自己班上开始了儿童文学作品的介绍与导读。最初的做法很简单，就是大声读给孩子们听。读书过程中，学生们一阵欢笑接着一阵欢笑。在大声读之外，他还尝试进行师生共读，然后围绕一本书展开讨论并撰写笔记，制作个人读书卡和读书小报。他在教室墙上贴上了一张大白纸，纸上写有全班同学的名字，每个名字后面是一节火车头。学生每读完一本书，汇报之后就可以在自己的火车头后添上一节小车厢。今天他还记得，一位姓许的学生在一个学期内，火车头后面的小车厢从无到有，达到了近 40 节。

"那是最好的阅读时光。"每当回忆起这些时，他就兴高采烈。

这些做法，他始终在坚持，故尤令人钦佩。虽然是小事工程，但积细流成江海，积跬步达万里，数年下来，对学生的影响，不可小觑。

在教育孩子的过程中，他一直坚持与学生进行"人"的交往，而不仅仅是知识的传递。冷玉斌认为，教育须更偏重于生活、精神和灵魂。因而，他更希望自己能成为孩子的朋友与向导。与学生一起聊聊天，谈谈心，开故事会，一起到学校草坪上享受阳光，享受阅读，这些事情多么美好！在一本书里，一名学生说他的国文老师"只是静静地看着我，读我的文章，并在适当的时刻让我知道，他正在看着"。冷玉斌说，他要的就是这种生活状态。

"我还是相信，生活并非命运，我可以学特蕾莎修女，怀着一颗伟大的心，做细小的事情，用自己的爱和关怀，给乡村更多教育的善意。"在《献出更多教育的善意》一文中，冷玉斌如是说。这大约就是他作为一个教师的责任，也是作为一个读书人的良知。

阅读意味着发现联系

冷玉斌痴迷读书，"有时一个专题一个专题地读，有时逢着喜欢的就拿来读"。当然，他也有特别专注的，比如对儿童文学，他就特别感兴趣，并有意识地收集书籍，现在，手头已经收集了儿童文学书2000多册；对图画书，他更加着迷。

总有人会问："你平时这么忙，如何能看这么多书？"冷玉斌说他读书的速度很快，而且也不见得把书一页页翻完，因为很多时候，他是随着问题读的。

当一个人以读书为生活时，有时会陷入孤苦之中。

在一篇谈读书的文章中，他这样写道："夜是静的，我与书之间，只存在一种微微的温凉之意，执卷在手，仿佛握住全部的自己……我一向认为，想要坚持长时段的个人化阅读，一定得保持必要的孤独，假期喧嚣，尤需如此。"

相信天下大多数读书人，都会将这种孤独当作一种私有的幸福。可是，在一次谈话中，我还是不合时宜地问了他一句："你想靠读书来改变教育，是不是一厢情愿？"

冷玉斌无奈地笑笑："从没这么想过。"

冷玉斌不亦乐乎地走在教师阅读的路上，因为读书给了他丰富的精神养分，而且这种养分不光滋养着他，也滋养着他身边的人。一天天教书，一天天读书，孩子经由这样的陪伴，也许便有了一个远大前程。所以说，教师的阅读，看似没有即刻的功利，实则却是一种对未来长久负责的体现。一位教师为学生提供的最珍贵的服务之一，就是将他们从一本书带往另一本书。所以，许多时候，阅读的力量甚于教书。

不仅如此，冷玉斌的爱读书，也在潜移默化中影响着他周围的老师。早在2006年，他就和同事组织了"远流"读书会，举办沙龙和专题讲演，以阅读影响了很多青年教师。

当时，大家一起读教育、教学类的书，如各种教育经典；读文史类的书，如叶嘉莹和朱光潜的著作。当然，儿童文学是重点，像《窗边的小豆豆》《夏洛的网》等，几乎人手一册，他们希望借此触摸孩子的心灵。

"共读"产生了令人愉悦的效果。冷玉斌说，他最开心的事就是发现推荐的某本书恰好与某位老师"尺码相同"。

在宁静中阅读、思考

不少朋友都劝冷玉斌"赶快出来"，他若有所思地说："自己的确在考虑这个问题。"然而几年过去了，他依旧在小镇上自得其乐。

不是说他没有向外的心思。自受邀成为《家庭学校》的主编以来，他不负众望，"今天我们如何读经""儿童与网络""儿童与哲学""儿童的艺术教育"等几个专题观点独到，让读者耳目一新；他在各处做的报告、撰写的文字，也发人深省。但他说："我一直都过得很安乐，不想与家人分开，最主要的是，虽然这个地方条件差，但可以拥有研究与思考的自由，可以比较安心地读些书、想些问题。"

原来，相对落后的小镇，在冷玉斌看来，却是宁静而自由的宝地。当然，更重要的，或许是因为那里有着他所放心不下的孩子。这便是他的视野和境界。"心有多大，地有多宽。"我问他："如果给你足够的时间和空间，你会做什么？"冷玉斌不假思索地回答："我想开一间书店；一家三口常常旅行。"

王小庆

2017 年 5 月

上　篇

教　书

第一辑　教育行走

我愿意他们的心中更多一分温情，而不是坚硬；更多一分精致，而不是粗糙；更多一分明朗，而不是灰暗；更多一分自由，而不是束缚；更多一分美好，而不是世故。

新生小寒

朋友的孩子小寒聪明伶俐，活泼讨喜。几个月前刚入学，学习中趣事多多，朋友常常讲得眉飞色舞。最近又听了几个，一笑过后，再三咀嚼，却愈加感觉不是滋味。

"还有一个是留给老师的！"

单元测验里有道题目，一个班 17 个小朋友，每人分一个苹果，应选哪个盘子里的。下面画着四个盘子，上面各一条算式：$9+7$、$10+8$、$9+8$、$7+8$。很明显，答案是"$9+8$"，17 个苹果。可小家伙偏偏选了"$10+8$"——扣掉 6 分。发试卷时数学老师把他喊上去，一顿批评："这么简单还做错？"

回到家，朋友一看试卷——94 分，挺好，找到做错的题，恼了，这题目有什么难的？问小寒："17 个人，每人分 1 个苹果，要几个？""17 个。""$10+8$ 等于几？""18。""那你怎么选它？""还有一个是留给老师的！"小寒一脸委屈。

朋友愕然，好半天才问："你告诉老师了吗？"

"老师批评我，我来不及说。"

真没想到，错误的背后竟蕴藏着这样一颗纯洁、天真的童心！"还有一个是留给老师的！"说得多好，在这样小小的选择面前，小寒没有忘了留一份爱给老师，错得多有人情味！

可惜的是，老师没能领受到孩子的心意，并且给了孩子"公正"的评判：扣 6 分加一顿批评。我想，老师将 6 分扣掉无可厚非，毕竟按照答案，这是"错误"的，但一顿不由分说的批评却令人遗憾。这可不是一个普通的错误。小寒在试卷上用一个苹果悄悄表达了对老师的尊敬与关心，这是一个孩子对老师很自然的爱。在我们眼中，8、9、10只是空洞的数字，在孩子幼小的心灵里，却就是一个个鲜活的苹果。当所有同学都有了苹果，他大方地"错"了一个给老师，这就是童心。对这样的"错误"即便是加分又何妨？不仅是因为把一个苹果"送"给了老师，更重要的是对他童心的褒扬。

小寒当然委屈，扣掉分也就罢了，"送"了个苹果给老师还遭到一顿批评，而且连解释的机会都没有。他在选择的时候肯定没有考虑太多，只是"多一个给老师"，单纯、无私。而在老师眼中，这多出的一个苹果并不简单，班上的总分少了6分，优秀人数少了一个，平均分少了……却不曾想到，在错误背后还藏着一个美丽的世界。

教学不是教孩子对与错的二分法，而是如何启动孩子思维的过程。只要孩子的解释有趣，即表示他有解决问题的能力了，答对答错也就不再那般重要了，不是吗？面对错误，我们是不是要多给学生一点时间呢？不然，我们失去的只怕不仅仅是一个苹果了吧？

"这个问题我知道，可是我不说"

小寒头脑灵活，嘴巴也快，不管上什么课，发言都很积极。有时老师一个问题提出来，其他同学还没来得及反应，他就喊出来了。老师不乐意了，小寒一开口，立刻遭到斥责："插嘴！"一来二去，小寒学乖了。老师再提出问题时，他不插嘴了，就在位置上坐着，但嘴里在小声念叨："这个问题我知道，可是我不说。"

后来老师向家长告状，说小寒上课不听讲，老师提问时不思考、不回答，还净说废话。朋友回家一问，才弄明白是怎么回事。

听了这事，起初我乐坏了，小家伙真鬼，"这个问题我知道，可是我不说"。瞧那份不屑，酷！但很快就乐不起来了，只想起一句话："爱的反面不是恨，而是冷漠。"从最初的积极回答，甚至不请自答，到最后的"这个问题我知道，可是我不说"。小寒的积极性、学习热情一点点被敲打、被磨平，这真的很可悲，也很可怕。

新课程倡导民主、平等、和谐的师生关系，倡导教师是学生学习的引导者、合作者、促进者，在宽松、融洽的课堂教学氛围中，学生插嘴现象的产生是合情合理的，它不是乱，而是活。毫无疑问，很少有学生是为了破坏课堂秩序、影响他人学习而插嘴；相反，他们往往听课专心，思维活跃，参与意识、求知欲望强烈。然而，在以教师为主宰的课堂上，他们轻则被老师提醒、阻止，重则被罚。久而久之，他们不再是满脸灵气，而是正襟危坐；不再主动思考，而只是被动接受；不再大胆质疑，而是全盘吸收。结果，课堂纪律是好了，但活泼的思维消失了，热闹的气氛没有了，甚至出现了如小寒这样的学生——"这个问题我知道，可是我不说"。老师没有唤醒学生，反而打压学生，这样的教育无疑是失败的。

其实，对待课堂上的插嘴，教师应用积极的态度去看待，在心理上接纳，因势利导，不能扼杀学生学习的兴趣、智慧的萌芽和创造的火花。

行文至此，又记起郑渊洁写的《驯兔记》，结局是这样的：皮皮鲁变得沉默寡言了，他不敢张嘴说话，他不能说出自己的主见，因为他已经是兔子了。难道新课程理念下的教师还在做着"驯兔"的工作吗？

"我读过了，我也会背了"

那天早晨，朋友送钥匙给小寒，走进校园时，老师们刚下早操。朋友和老师一起走进教室——好啊，后墙那儿站了三个，当中那个正是小寒！

小组长跑过来向老师报告："您做操的时候小寒他们不读书，在玩。"

果然，其他学生都在专心地预习课文，朋友气呼呼地走过去："别人都读，你呢？"

大概是被抓了个正着，小寒缩着脑袋怯怯地说："我读过了。"

老师劈头一句："读了有什么用，要会背！"

"我也会背了。"声音大了些。

朋友抓过他的书："背给我听。"

小寒高声背出三篇课文，一字不差。

朋友看了看老师，老师喊了起来："要有感情！"

好一个"要有感情"！我真怀疑这位老师是不是在和小寒赌气。明明是超额完成了任务，却没有得到丝毫赞扬。看得出，当小寒高声背出课文时心里很骄傲，别人没做到的他都做到了。课程标准强调，语文学习应激发学生的学习兴趣，注重培养学生自主学习的意识和习惯。小寒产生了学习兴趣，有了兴趣后又付诸行动，最终获得了学习成果，这是多么生动的例子呀！然而，老师似乎成了个讨账的债主，穷追猛打，利滚利，翻几番，先是"读书"，然后"背书"，最后是"要有感情"。这一个个任务变成了一道道门槛，让小寒望而却步，此时背出课文却什么都不算。只因为，有了成果之后"他在玩"，这使小寒所有的成绩都被忽视了，非但没能成为学习能手，反而成了看墙"勇士"。

姑且不说玩是孩子的权利，小寒之所以玩恰恰是出于他有了成果后的喜悦与自得，对学习的兴趣、热爱，可以渐渐在其中生成、长大。老师却看不到这一点，他只发现小寒在开小差，因为他要的是权威的教师、规矩的学生，不容许有一点点的活跃与生动。小寒真是无辜，他哪里懂得这是老师的"成人中心论"，就是要比你高一筹！如果再有几次不讲理的追问，小寒就可能会习惯接受一个任务，完成它，然后再重复完成……长此以往，个性与创新必定荡然无存。曾读过一则报道，说中国的"奥数"选手获得金牌后，会愣愣地站着，连庆祝都不会，原因大概正在于此吧。

德国教育家第斯多惠说："教学的艺术不在于传授本领，而在于激励、唤醒、鼓舞。"对小寒这样接受能力强、学习速度快的孩子，我们怎能吝惜一抹微笑、一声赞叹、一点鼓励、一片爱心？

这几天，小寒的身影不断在我眼前浮现，他小小的遭遇真切折射出课改中教师的不足。究其根源，就是思想的缺失、民主意识的缺失。有意无意间，我们已习惯将对错作为评判孩子的唯一标准，习惯于师道尊严、高高在上，习惯于老实、听话的就是好孩子……努力突破这些陈规陋俗，仍然是课程改革的重中之重。我想，这一是要用思想提升教育的品质，二是要培养民主的性格，乐于分享、善于沟通、服膺真理、勇于承担的性格。

真正的教育只能建立在尊重与信任的基础上，建立在宽容与乐观的期待上。什么时候，课堂上真正洋溢着思想的空气，充盈着民主的阳光，我想，那样的教室里才真正拥有了春天。

猪小妹的芭蕾课

佩奇是一只天真、开朗的粉红色小猪，与爸爸、妈妈和弟弟乔治住在小山腰，生活其乐融融，总有这样、那样有趣的事情——英国动画剧《粉红猪小妹》讲的就是这些故事，每集 5 分钟。

现在就来说《芭蕾舞课》这一集。

故事开头，伴着悠扬的钢琴声，妈妈开车载着佩奇来到羚羊女士家学习芭蕾。佩奇穿着小白裙，很有芭蕾范儿，与老师羚羊女士互致问候后，愉快地进了教室（大概就是老师家的客厅）。一同学习的有小马佩德罗、小狗丹尼、小兔瑞贝卡、小羊苏西、小猫坎迪，大家快活地站成一排。

学习开始。先是基本动作，第一个是"下蹲"。老师示范，伴着音乐，动作灵巧，一蹲一起，再蹲再起，轻松自然。轮到学生，哦哟，小家伙们有的蹲，有的跳，有的踮脚，落在地板上还砰砰作响。接着是"小跳跃"。老师轻巧地跳起，双脚摆动，翩翩落下，起落之间，轻盈、美丽，一边跳还一边提示："要优雅、美丽，要优雅、美丽。"不得不说，老师跳得确实很优雅、很美丽。学生学着做，哈哈，没一个能做得好的。小狗左一蹬腿右一蹬腿，好像卓别林；其他几位不是"小"跳跃，完全是直挺挺地引体向上。到了佩奇，呵，不跳则已，一跳惊人，动作硬邦邦，落下来咚咚作响，简直要把老师的房子给震翻。老师倒毫不在意，继续示范，继续提示："孩子们，优雅、美丽……"两个动作学完，钢琴曲再起，老师轻摆手臂，秀出真功夫，霍的一下足尖点地，翩翩起舞，教孩子们要想象自己正是一只天鹅——美丽的天鹅——优雅、美丽！孩子们欢乐地围过去，想象自己就是天鹅，开心啼鸣，转成了一圈。跳啊，笑啊，"咚、咚、咚"，"哈、哈、哈"……旁白念出："佩奇喜欢跳舞，大家都喜欢跳舞！"

故事还没结束。下课回到家，佩奇迫不及待地要给家人表演，说老师讲了一些"奇怪的单词"，意思就是"跳"，说着便做了个动作。没想到，爸爸立刻认出来了——"小跳跃"。原来，爸爸和妈妈年轻时也学过芭蕾，兴之所至，肥嘟嘟的爸爸跳了起来，动作有模有样，小跳跃、踮脚、滑步、跳跃、旋转，伸手把妈妈也拽进了"舞台"……

佩奇跟着也跳开了，舞步跃动，兴奋不已："我是一只美丽的天鹅！"在一家人的欢笑声里，芭蕾舞课这才落幕。

看完这集，心中不由感触良多。顺手找来视频发给朋友，朋友看了也是哈哈乐，回应道："多么愉快的芭蕾课！"

是啊，这是一节多么"愉快的"芭蕾课！

为什么会这样？很显然，因为羚羊老师的教学契合了儿童艺术学习的本质。什么是艺术？对孩子来说，就是无拘无束地玩，玩音符、玩舞步、玩色彩、玩水墨，甚至玩石头、玩菜蔬……艺术教育，就是让他们在这样的玩乐、嬉戏里拥有更多想象和创造，于是也有了更多成长的可能。佩奇和伙伴可以不关心老师的专业术语——那只是些"奇怪的单词"，她只要知道那个意思是"跳"并让自己跳起来就够了。作为低龄阶段的舞蹈课，羚羊女士在教学中也没有过分要求动作准确或者到位，她一再强调的是"优雅、美丽"。听起来这就是学习芭蕾的真谛，是给生活、给生命一种别样的色彩——"优雅、美丽"。

"佩奇喜欢跳舞，大家都喜欢跳舞！"这句旁白虽是描述剧情，却很重要：因为喜欢，所以愉快；因为愉快，所以喜欢。要知道，一个孩子很少天生就有特长，通常是兴趣造就特长。不夸张地说，只要有兴趣，就是特长；特别感兴趣，就是特别有特长。兴趣之源泉，当然是"喜欢"。如果不喜欢，怎么会有兴趣？也只有喜欢，才能让兴趣不消退。

佩奇是真喜欢跳舞，下课一见到妈妈，就要跳给她看，被劝住后憋着一腔热情好不容易到了家，迅速拉来全家人看她跳舞。这时，更令人惊喜的事情发生了，爸爸、妈妈年轻时都跳过芭蕾！当看到爸爸、妈妈欢乐起舞这一幕时，我心中除了欢乐，更有感动。艺术真的就是生活，学艺术不是要成名成家，而是让我们在生活中多一双审美的眼睛，多一颗善感的心，让我们普通的际遇、平常的日子也能过出浪漫和快乐。想起爱因斯坦，他毕生钟爱小提琴。据说，少年时他一直想成为帕格尼尼那样的人，可就连父母都觉得他拉得实在蹩脚。有一天，他又去请教一位老师，拉了一段后，老师问他为什么要学琴，他说要成为帕格尼尼那样的演奏家，老师又问他："你拉琴快乐吗？"他答道："我非常快乐。"老师笑了："孩子，你非常快乐，这说明你已经成功了。"没错，学习艺术，就是为了找到快乐。

好久不跳，身手不那么矫健了，爸爸一个旋转、跳跃，再托举——砰，妈妈一屁股坐到爸爸身上——动作不再轻灵。可是，重要的是，艺术的热情从未退却，艺术带来的快乐从未减少。这，才是艺术教育最大的意义，也是真正的成功。教育，从来都是要瞻望未来，学校如此，家庭亦如此。

顺便说一句，剧中没提爸爸、妈妈为什么要送佩奇去学芭蕾。后来读到一篇博文，一位妈妈送孩子到培训班学芭蕾，第一节课后老师给了孩子一些专业评价，最后说道："再练一段时间，大概就可以考个二级了……"

不知道佩奇将来会不会去考级，还是不要考了，只要一直喜欢就好，想跳就跳，优雅、美丽，无比动人，像叶芝美妙的诗行。

让她跳完她的舞，
让她跳完她的舞！
现实太狭窄了，
让她在芭蕾舞中做完尘世的梦。

教育，可能性的艺术

2013 年 6 月 14、15 号两天，我在北京参加了首届小学教育国际会议。虽然未踏足海外，但两天来听课、参加讲座、进行研讨，仿佛置身于美国小学教育的现实一角，已然感受到美国教室里的独特氛围。

一所小学的核心价值

6 月 14 日早上，从中关村第四小学二楼体育馆跑到四楼的"美国教室"门口，我就看到了不一样的景象。奥隆尼小学的校长，也是即将授课的教师苏珊·查尔斯女士，正站在那儿热情地向孩子们打招呼："How are you？你好吗？"简单的问候引来周围几位老师的关注，都说"没想到"。平常跟朋友见面打招呼的话，居然是苏珊老师与学生在每天早晨所讲的第一句话。想想自己呢，往往吆喝着开始一天的早读。在这之前走进教室，第一句话讲的是什么？有这样温和和关切吗？

上午，首先是苏珊老师带来的一节数学课："我的小农场。"授课、讨论后，是苏珊校长和奥塔克·江普老师带来的联合报告，主题为"奥隆尼的核心价值观"。报告里奥隆尼小学的核心价值观呈现为六个方面：①信任和尊重每一个学生，②发展的课程与教学，③成长与评价，④有意义的学校课程，⑤强调多维度的学习，⑥合作、协调、配合。

报告中，苏珊校长和奥塔克老师轮流汇报，相互补充，以一幅幅校园活动的相片为依托，讲述了在这些核心价值引领下的教育教学实况。

比如，"信任和尊重每一个孩子"，苏珊校长就提到了早晨的问候。在奥隆尼小学，每天早上师生见面，老师一定是问孩子们"你好吗"或者

"你今天感觉怎么样"。这么做，除了表示问候外，也是对孩子的尊重，尊重他们这一天刚到校的心理与情绪。奥隆尼小学的老师们认为，学生的情绪至关重要，直接影响他们一天的学习与生活。因此，老师们会在见面的第一时间询问学生的情绪，如果遇到特殊情况就给予帮助，使孩子在接下来的时间里能有所调整。还有"信任"，苏珊校长直言，在奥隆尼小学，教师早就不再以为只有成人会有知识，并且可以给予孩子知识。老师们要做的，就是用最恰当的方法，激发孩子关注自身成长，同时信任孩子，相信他们每个人都可以做得更好。

再如，"强调多维度的学习"，对此我印象极深。所谓"多维度的学习"，是指学习目标与内容的面向不单一、不封闭，而着眼于更多维度的设计与实践。除了知识的获取，像身体的养成、心理的成长、情感的熏陶、社会的历练等，这些丰富的内容在学习过程中都要有所涉及，让学生有所体验。

苏珊校长举了一个例子——一堂历史课，内容为"到底是谁发现了美洲"。这堂历史课的最后部分是一场辩论会，参与的学生根据自己所获得的材料做出自己的判断，提出自己的结论——是海盗，是印第安人，还是航海家，或者是别的什么人，再打扮成各自观点中的人物，上台发表演说，讲述自己发现的经过或者阐述自己的观点。分别讲完后，所有观众也就是其他同学投票，最终根据票数的多少提交结论。你看，到底是"谁"发现了美洲并不重要，重要的是找到这个"谁"的探索过程，而且这场有点模仿秀味道的辩论会带给学生的有很多东西。学生要自己制作道具，完成辩论报告，公开演说，面对同学质询或者批驳须回应。听众则要倾听他人演说，结合自己的思考，从中获得个人观点，决定那宝贵的一票投给谁。这一票，既是对他人的认同，也是对自己的确认。投票这一行为本身也是一种公民训练。什么是多维度？这就是了！

由此，我更加觉得，不唯历史课，任何课程留给学生的都不应是一堆干瘪的结论，而应该是饱满的、活泼的探索与发现，因为教学本身就是一个合作创造知识的过程。

此外，像"成长与评价"里讲到学校的"持续性评估"，"有意义的学校课程"着重于"课程为现实生活的训练营"，"合作、协调、配合"的重点在校长与教师、教师与教师、家长与教师之间的合作互动，每一点都很有说头。听完报告，将这六点结合起来看，我更大的收获是认识到一所真正的好学校，不在于某一块教育教学业绩突出，或者某一项教学研究领先，或者某一些校训口号多么迷人，而在于这所学校有长期且坚定的教育诉求、精神追求，亦即"核心价值"。佐藤学先生在《学校的挑战》里提出，学校的目的和教师的责任就在于：实现每一个儿童的学习权，保障挑战高水准学习的机会，为民主主义社会做好准备。我以为，奥隆尼小学的核心价值观，正体现了佐藤学先生这句话的内在意蕴，是学校的核心价值观，塑造了学校从校长至教师、家长的既一致又独特、既高远又贴地的教育教学行为。奥隆尼小学之所以成为奥隆尼小学，就是因为它的核心价值——联合报告副标题所问："什么组成了一间奥隆尼教室？什么是以学生为中心的教育？"答案亦在于此。

<h3 style="text-align:center">细节里的教育思考</h3>

学习中，有几个小细节，值得一说。

14号上午，苏珊校长与奥塔克老师联合报告后的互动环节，针对报告中提到的奥隆尼小学有高年级与低年级混班学习的情况，国内的一位校长提问："奥隆尼小学是否担心因为年龄的差距、能力的差异导致学习效果不佳？又会用什么样的措施来保证这种学习能取得一定的成效？"对这个提问，苏珊校长先笑了起来，然后才回答。她的回答重点有两条。首先，认知不是学习的唯一目的。这样的组织形式并不完全着眼于知识的获得。年纪不同的孩子在一起可以做很多事情。其次，教育重要的价值是激发人的情感，教会人与他人相处。将年龄不同的孩子组织在一起，年纪略大的会对别的孩子有更多的理解与照料，在他们身上会产生更多的责任感。所以，学校从不担心学习效果，而是创造很好的条件让他们相处，共同成长。

以上虽只是不到三分钟的一问一答，但带给我的启发很多。显然，提问的校长对教师的教与学生的学立足于"知识本位"，大小共处，即生出学习效果之忧。而奥隆尼小学已超脱这一点，更立足于"儿童本位"或者说"生活本位"，做"人的教育"。该小学教育行为的出发点不再是狭隘的教或学，而在于儿童的生活、人的发展。从两位校长的观念差异看出来的，是儿童观，而不仅是学生观。这决定了学校与教师将会进行什么样的教育、如何对待每一个孩子。此外，"教育之道无他，爱和榜样而已"，教育家福禄贝尔如是说。在一个良好的学习天地里，年长的与年幼的生活在一起，是不是"爱"和"榜样"均呼之欲出了呢？到底该如何理解教育，建立起怎样的"学校观"，这一小细节，可堪玩味。

第二个细节来自 15 号的育英学校会场美国印第安纳州波利斯市 CFI 学校艾米老师的阅读课上。起初，一直有两个小孩不在状态，游离于课堂之外。我当然以为艾米没看到，没想到课后研讨时，艾米老师上来就说："在她对面那两个孩子开始不大听讲，一直在讲话，大概是因为他们个子小、被圈在了外围，看不清她的图画书，调换座位后好多了。"原来，两个孩子的状况她完全看在眼里，并且一直在想如何将他们吸引回课堂。艾米老师接着说："这节课唯一的遗憾是时间有限，有点催促孩子了，因为展示时间只有一个小时。如果在美国，在自己的班上，她会再延长半个小时……"说实在的，我感觉这节课上艾米老师的教学环节已经很慢，每一项活动花的时间都足够长，她竟然还觉得有点催促孩子。可想而知，孩子的学习在她心里是多么快不得的事情，确实想到也做到了"每一个孩子都很重要"。

在 16 号的全体大会上，中关村第四小学的李晓琦校长代表她的团队发言，也提到一件很小的事情。在交流时，她告诉苏珊女士很多孩子特别喜欢她的课，希望她留下来多待几天，特别是有个短头发的孩子。想不到的是苏珊校长一下子就说出了那个孩子的名字。再联想到昨天她的清晨问候，真感百闻不如一见，美国老师对孩子的尊重与关注，这一次算是见识了！

这一幕幕场景不免让我思考：在我们还在将尊重孩子作为"师德"之一不断予以强调时，人家已经将其落实为日常行动，到底是什么原因让美国老师对孩子的尊重无处不在？他们对孩子尊重的源泉来自哪里？在两天的展示、研讨中，美国老师对此未多提及，似乎其不言自明。

想来想去，我觉得其间差异还是因为儿童观，是对儿童的认知、对学校教育的理解决定了他们种种教学模式与行为。有什么样的儿童观，就会形成与此相契合的学校文化，即便如"尊重"这一在我们看来关乎德性的情感选择，在他们的儿童观念里，已成为教育的背景，而非教学的要求。谁都明白，学校的最终目的不仅是建设一所更好的学校，也是要为儿童建设一个更美好的世界。有这样的观念引导，对孩子的爱与尊重，就像呼吸一样自然了。

有效的课程整合与行动策略

15 号中午，在育英学校小学部图书馆内，CFI 学校的安老师做了一个关于整合性学习的主题报告——"在中心主题框架下进行所有学科领域整合的计划"。这份报告让我大开眼界，深以为好。原来，在我还在困惑如何进行课程的整合时，CFI 学校已经有了非常成熟的整合理论、方法以及实践。

报告里有一个二年级单元整合课例，主题是"播种·孵蛋·探索生物"，主要观点是生物与环境相互依赖而产生需求，研究内容包括：①适应栖息地；②生物的需求；③我的家园，我的栖息地；④动植物相互依存；⑤动植物的生活。具体安排如下。第一周：学生深入阅读非小说类书籍并探索此类作品中某一册的组成部分；第二周：学生开始研究动物的栖息地、饮食、习性、防御方式等；第三周至第五周：学生对一种选定的动物做研究并撰写非小说类书稿，之后修订、编辑，以"出版"他们的作品。

单元教学计划的第一部分是"阅读专题研讨会"。教师准备了一系列图画书供学生阅读，包括故事类、非故事类的。我看出其中一册是《神奇校车》系列的，另有一册是和珍妮·古道尔研究有关的。在"阅读专题研讨会"内安排有"写作专题研讨"环节，针对此类非小说类文体开展学习。

第二部分是"数学专题研讨会"。这部分开展很多数学活动，最多的是"测量"。测量教学动物，如鸡、蟑螂、蜥蜴的高度和长度，测量教学动物的重量，测量教学动物每天的饮水量，追踪饮用水总量，测量并追踪栖息在教室中动物的体温。在这些过程中，也有许多科学活动同期进行，如制作植物标本、观察动物活动，制作昆虫眼镜、体验昆虫眼中的世界。

第三部分是"社会科学课程"。比如，根据所设计的话题——"面对濒临灭绝的物种，我们该怎么办"，学生去学习、探索世界上濒临灭绝的物种并尝试采取行动保护它们，制作宣传海报、走出学校、发起公益活动，进而与当地政府部门进行沟通等。

在课程尾声还有一个集体汇报活动，称为"示范日"。一整天的安排如下表所示。

时间	主题	内容
9:00—11:30	通过阅读与写作探究动物生活	共同阅读：《神奇校车》
		独立阅读：从动物书中选取"恰逢其时"系列，教师分小组沟通或者与学生一对一沟通
		写作研究：学生致力于关于动物的写作
12:30—13:30	通过测量探究动物生活	学生分组收集教学动物每天的各项测量数据，并进行分析、研究
13:30—15:30	通过相关内容探究动物的生物圈	通过阅读、浏览网页、观看录像等探索一只青蛙的习性与生活圈
		学生在科学笔记本中完成笔记

　　整个单元整合了阅读、写作、数学、美术、体育、科学、生物等多方面内容，有知识的学习，有概念的认知，有技能的训练，有活动的开展，有情感的生成，鲜明展示了学校的整合课程。

　　安老师引用了美国教育家博耶的一句话："学生若想要充分受教育，就必须找到不同学科间的关联，掌握统一不同学科的方法，使其能够与生活中所学相结合。"在这个观念的指引下，他们和大学学者协作研究，由教师以工作组的方式共同设计课程，从一个主题出发，整合多学科内容，创编教材，再由教师进行实践，并且逐年修改、完善。报告中的课例、两天会议展示的课例都是这么来的。

　　这样的整合课程意义何在？除了博耶的观点，我还想到俾斯麦的一句话："政治是一种可能性的艺术。"其实，教育何尝不是一种可能性的艺术？教育者能够打开人性中哪种可能性，说到底还是取决于其缔造了什么样的课堂。而整合课程的实施恰恰正是在为之努力、为之靠近吧？

　　观摩"美国课堂"两天，我看到很多教育细节。细节背后多是被我们有意无意忽略的常识。也看到课堂的中心始终不移地围绕学生的学习，不少习见的认知规律被美国老师挑战或颠覆。当然，看到最多的，就是美国教育对人的关注，对个体力量的重视。

　　观摩结束了，但思考还未停止：如何理解我的教学权力？如何建设我的教室？如何开发我的课程？如何实践我的课堂？我想，尽管中美教育体制不同，但每位中国老师仍可正视差异，做出改变，以开放的观念接纳更多人、更多事，以儿童学习为中心发挥一份力量，正像朱小蔓女士在总结中所提的那样——"改变自己所处的微环境"，做一个儿童文化的守护者，做一个儿童教育的行动者。

找到一条合适的路

我家有扇朝东的窗户，5 岁的女儿常常喜欢站在那里眺望。在白天，会说自己看到了哪儿哪儿，怎么样怎么样；在晚上，则说看到了太空，看到了外星人，怎么样怎么样……

起初听她这么说我就笑，后来有一天，我突然想："我在笑什么呢？我能说她没有看到吗？"

去年暑假的时候，她收到一盒海宝橡皮，就将造型各异的海宝放在盒子里，搁上一块布，说是盒饭，一趟一趟送给我吃，不厌其烦。谁知她一不留神，摆弄盒饭时太用力，把一只海宝的手臂掰断了。我一见，顺口说道："你看你，多不小心，把这个海宝的手臂弄断了。"

她本有点沮丧，听我一浇油就恼怒了，瞅瞅我，恨恨道："不是我！那是'以前的我'！"

我一愣神："'以前的我'？那现在有什么不一样？"

"这是'以前的我'弄坏的，'现在的我'没弄坏它，也不会弄坏它了。"

"为什么？"

我又追问，她却不再搭理，仍自顾自玩起了海宝盒饭，只是不跟我玩了。

一旁的我，倒糊涂了：谁是"我"？谁是"现在的我"？"以前的我"是谁？去哪里了？"现在的我"就可以把"以前的我"做的事一笔勾销？那"现在的我"是不是一转眼就变成了"以前的我"？"现在""以前"，"以前""现在"，再掺和一个"我"，她是什么时候有这些概念的？这个概念是关于时间的吧？她对时间又是如何看待的？什么是时间？……

　　"我是谁"是永恒的哲学之问，而时间也是一个哲学问题。圣·奥古斯丁在《忏悔录》里写过："时间究竟是什么？没有人问我，我倒清楚。有人问我，我想说明，便茫然不解了。"

　　一直以来，女儿会问很多稀奇古怪的问题：她是从哪里来的？为什么她是女生？为什么妈妈是她的妈妈不是别人的？还有一类，比如，地球到底有多大？星星在哪里？宇宙是什么，有多大？……我也就常常试着回答她，没想到，不讲倒罢了，越讲越离题。表面来看，这些问题与生理有关，与伦理有关，与地理有关，与天文有关，可就是讲不清。直到有一天我恍然大悟，这只是从"答案"去看。有些时候，很多问题是没有答案的（大人没办法回答），或者是不需要答案的。问题就是问题，它所反映的是儿童的"思维"。而"思维"是人之为人最重要的禀赋，大人要做的就是保护与激发这样的思维，然后，让孩子愉快地问出这样的"为什么"。"为什么"一旦出口，往往最简单的问题也藏着最复杂的意义。杨茂秀先生认为，如果一个人可以提出有趣的问题，用有趣的方式提问题，好好跟人家讨论，那么，他就拥有了自己的哲学思想。

　　很多人望文生义，觉得儿童哲学就是哲学的儿童化、简化版；也有人认为，哲学总是才智特殊、经验丰富之人的专利，普通人只能欣赏与接受，小孩更是与之无缘。不！雅斯贝尔斯的一句话，最能说清儿童哲学的主张："人之初就具有很好的哲学种子，小孩会用最简单的问题去问宇宙大千、人情世故、一切的意义，那其实就是一种哲学的种子。"

　　所以，儿童哲学教育的核心是思维教育，本质就是思考与讨论。

　　有一首诗叫"大人们的大事情和小孩子的小事情"，开头是这样的：

　　有些大人总说
　　我们小孩子干的一切
　　都是小事情
　　其实这样说的大人

是没能找到一条合适的路

走进我们小孩子的世界中

　　我想，儿童哲学正是要呵护孩子心中哲学的种子，培育成思维的苗圃，而大人也就会找到一条合适的路，走进孩子的宇宙中。

细说"儿童新闻"

在荷兰有一档专为孩子们制作的"儿童新闻",取材注重从孩子们的角度出发。比如,他们专门派摄制组赴动物园拍摄了一头小象是怎么过生日的,因为这是儿童感兴趣的,随后在新闻中播放了孩子们给小象送礼物、唱生日歌的欢乐场景。在报道政治、经济新闻时,"儿童新闻"一般会尽量用儿童能理解的语言,并适当加入一些背景情况介绍。例如,它这样报道安理会就伊位克武器核查问题举行的辩论:"今天,联合国安理会搞了一次辩论。安理会是由15个国家组成的一个俱乐部,它工作的目的是防止打仗。美国一直怀疑伊拉克这个国家有一些一次能杀害很多人的武器,美国认为伊拉克必须销毁这些武器,不然就要对伊拉克不客气了。"生动的语言和适当的背景说明,使得孩子们也能理解本来复杂的国际政治、经济新闻。

反观我们的教学,新一轮课程改革以来,虽然课堂教学取得了一些突破,但课堂上孩子说着成人的话,或是将成人的意志强加给孩子的现象仍然较广泛地存在。而教学观、课程观的转变首先离不开儿童观的转变。

夫童心者,真心也。教育儿童就应以儿童为本,关注儿童需要的、喜欢的。对成年人来讲,小象过生日是件微不足道的小事,但孩子们非常乐意与小象共同度过一个快乐的生日。尊重童心,就要尊重孩子的生活,尊重儿童的文化。有一位老师教《做什么事最快乐》时遇上了麻烦。课文是想让小朋友懂得"为别人做自己能做的事最快乐",老师开头先让学生说"做什么事最快乐",学生都说"看动画片最快乐""逛公园最快乐""过年最快乐",等等。学完课文后,老师又问学生"现在做什么事最快乐",结果学生还是说"看动画片最快乐"……于是,教师只好尴尬地站在讲台上，自己又总结一次："为别人做自己能做的事最快乐。"在这堂课上，教师对儿童的文化就未给予充分的理解和尊重。一年级的小朋友认为看动画片最快乐、过年最快乐等本就是一种儿童文化，是孩子成长过程中自然产生的且对其成长有着不可替代作用的一种文化现象；同时，快乐是一种个体的体验，不同的孩子对快乐的体验是不同的，怎么能强求不同的孩子都理解"为别人做自己能做的事最快乐"呢？如果将成人意志强加给孩子，只会使孩子迎合教师，口是心非。

于永正老师有句名言"蹲下来看孩子"。这个"蹲"字，不仅仅是要求教师身体蹲下来，与孩子保持平等的高度，更重要的是要"转换视角"，以孩子的眼光看问题、看世界。如果在报道安理会辩论时"儿童新闻"完全采用书面化的语言进行形势分析，小朋友们可能就都听不懂，更不要说学知识、感兴趣了。教育者也要保有一颗童心，以童心感染童心——你快乐，所以我快乐。教师一旦能够与学生如此心有灵犀，课堂就可能会成为儿童成长与发展的摇篮。

《义务教育语文课程标准》中指出，"教材应符合学生的身心发展特点，适应学生的认知水平，密切联系学生的经验世界和想象世界"，这样"有助于激发学生的学习兴趣和创新精神"。细细审视"给小象过生日"的消息，就可以说，这实在是环境教育的最好教材，淋漓尽致地体现了人与自然的和谐、人对动物的关爱，胜过我们将"爱护自然""保护动物"等口号重复千遍。若是我们总依照成人的观点，则会失去多少这样活生生的好教材啊！

他山之石，可以攻玉。如何"尊重未成熟状态"，教育者要多学习，多思考，多实践。只有这样，童心与童真才能在教育的光芒下熠熠生辉。

漫步云端

初秋时节，微风拂面，草木葱郁，着实令人神清气爽。

那天中午走在路上，偶然抬起头。呵，好蓝的天！朵朵婀娜的白云，飘飘悠悠……

走进校园，一片安静，学生都待在教室里。我又看看天，那蓝依旧遥远而深邃，自己的呼吸仿佛也变得透明了，心里却很有些遗憾：这么美的天空，这么美的白云，就在这样一个季节，稍纵即逝，让孩子们轻易忽略岂不太可惜？

"不行！带他们出来看看！"我加快脚步，向班上走去。

到了班上，我慢慢推开门。哦，都到了，有的在读课外书，有的在订正数学题，还有的在趴着休息。

当听到我要带他们去看初秋的天空时，学生们兴奋得小脸通红："好！"就差一步蹦出教室了。

我稍稍交代了几句，将他们带到操场上。

此时，偌大的操场上空旷无人，风呼呼吹过，小草儿青黄相间，起起伏伏。学生们抬起头——果真是不一样的天空！

成程很快有了发现："哈，天空好干净，看上去好高啊！对了，我想起一个词，'秋高气爽'！"

说着使劲吸口气，瞧他那眯着眼的得意，真逗！

孙奕过来补充："现在看着这天空，我心里头特别舒服！也想起一个词，'心旷神怡'。"

啊，会感受、会动脑，我为这两位同学鼓起掌。

陆遥在一旁懊恼不已："从没见过这么蓝的天空，原来它一直在我头顶上！"

我说："没关系，今天好好看，以后多留心，学会观察大自然。"

陆遥用力点点头。

余勇杰从远处跑过来："老师，我发现蓝天就和大海一模一样。"

"呵呵——"周围几个同学一齐笑出了声。

"有道理，蓝天和大海都是蓝色的呀！你们知道为什么吗？"

孩子们又一下子静下来，也许聪明的他们课后又会多个"研究课题"吧？

"看那些云，真漂亮！"韩雯喊了出来。

孩子们立刻被吸引了。

邹萍接上话头："白云啊，好大的棉花糖！"看这小馋猫，倒说得蛮有趣。

"老师，看啊，这块云就像个大猩猩！"

我走过去，谢阳一一指点——那是头，那是胳膊，那是身子。别说，还真像！

我情不自禁地摸摸他的小脑袋："了不起，想象力真丰富！"

他腼腆地笑笑，追逐着"大猩猩"而去。

很快，孩子们想象的闸门便打开了，奇思妙想纷至沓来：蛋糕、房子、棉被、学飞的小鹰、连绵的山峦、漂亮的花瓣……

我无比快乐地看着这一切，庆幸自己能毫不犹豫地将他们带出来，交给大自然这位最棒的老师。

"瞧，那云走得多快，它还有金边呢！"几个孩子嚷起来。

我顺着他们的手看过去，真的，一块云迅速飘动着。"它走这么快要干吗呀？"我大声问他们。

"找朋友呗！"

"它妈妈叫它回家呢。"

"它着凉了，往太阳那边靠靠，那金边就是温暖的阳光。"

我乐了，好温馨的回答！

"老师，云上还有云呢，你看！"

原来他们又发现了近处的一块云，在它上层还有朵朵云儿。

"知道为什么吗？"

"知道，天外有天，一层天一层云，云外就有云了。"姚佳伟不假思索，说得还挺像那么回事。

蒋祁不同意："没这么简单，回家我上网查查。"

"好！"我朝他们竖起大拇指，"你们两个一起了解，然后把答案告诉同学们。"

"没问题！"两人胸有成竹地挥挥拳。

"云哪，云哪，你能下来和我交个朋友吗？"

陈羽佳和停在头顶的那块云打起了招呼，很快，同学们都围拢起来，一齐呼喊："云哪，云哪……"

我的心也飞上了云端，想来再没有比这更美的图画了。孩子们在自然的怀抱里，无拘无束，尽情驰骋，放飞心声，放飞希望。大自然的确是最有价值的课堂，这一刻孩子们蓬勃的创造、闪耀的灵气、飞扬的个性，岂是寻常课堂所能承载的？我深深陶醉了，因为随风而来的淡淡青草香，因为悦耳动听的真挚童心，因为孩子们无忧无虑漫步云端的满足，我触摸到孩子们至美至纯的内心，更体验到了教育的真正人文内涵。

一个下午很快过去了，但我相信，当秋天再次来临时，孩子们不会再忘记天空的高远、心灵的自由，必将重温这漫步云端的轻松与惬意。那才是教育给他们的最大幸福呀！

献出更多教育的善意

一

乡村是我的生活。

这么些年，一直在乡下，乡村教育就在身边，论目下状况有很多解读：地方经济薄弱，农村经济凋敝，劳动力大量外流，人口日趋老年化，学校办学无思路，还有政府教育投入不够……没错，走进乡村教育内部，会发现，这些解读正是乡村教育现状的背景，然加诸个体，类似解读则显得遥远而不近人情，以致让人颇觉无味。现状自有逻辑，循线追索，自会了解。对每一个活生生的乡村孩子来讲，他不需要那么大的回答，他内心的需要可能很单纯，也没那么多计较。

时间往回三年，本镇村小尚存，因工作安排，我常往村小检查，在它们消失的前夜，得以走近并观察，尽管时间仓促、观察片面。

二

以后，当我想到乡村教育，脑子里浮现出的仍然是几年前十月的那个下午。萧瑟秋风，破败校园里，我第二次见到兰兰同学，在例行检查中向她提了几个问题。她的话使我对乡村的思考从习以为常、大而化之，渐转为对人的存在、对乡村孩子成长的关注。大的方面，需要时间和政策来落实。从小处说，只有走近每一个孩子，深入教育现场，才会对乡村教育有本质观照。

当时的笔记簿到现在还留着，上面记着她与我的对话。

冷：（认出了她）期中时也是你跟我说话的吧？还记得吗？

兰：嗯。

冷：哦，你好啊，又见面了。和上次一样，有几个小问题问问你，别紧张呀。

（兰点点头）

冷：这一段英语课上了吗？

兰：上了。

冷：哪个老师教的？

兰：不晓得叫什么，反正是他（她）教。

冷：平常老师会给大家讲些故事吗？

兰：讲的。上课讲。

冷：有些什么故事？

兰：（想了一会儿）《小红帽》什么的。

冷：这学期读了什么课外书？

兰：《新语文读本》。

冷：科学课、音乐课、美术课最近都还上吗？

兰：都上哩。

冷：语文或数学老师有时用这些课做作业吗？

（兰点点头）

冷：体育课上一般做些什么活动？

兰：跳绳。

冷：你喜欢跳？

兰：喜欢。

冷：（指指国旗）现在谁升旗？

兰：校长升，星期一做早操时升上去。

冷：老师有时候还喝了酒上班吗？

兰：（想了想）嗯，有时候。

冷：这学期考过试了？

兰：考的。

冷：你考了多少分？

兰：老师改了，没有算分数。

冷：我看你作业做得很好，全是对的。

兰：我不晓得，现在我的成绩有进步了，我爷爷送我到人家家里补习的。

冷：天天去？

兰：不是，星期六、星期天去做作业。

冷：你上次说你妈妈想让你到中心校上是吧？

兰：嗯，我外婆也这么想，不过老师不要我去，他说我在这里先学好了再说。

冷：爸爸、妈妈在家吗？

兰：不在，在外面收荒。

冷：到哪里收？

兰：不知道。

（我沉默了一会儿）

冷：上次你说喜欢哪个老师的？

兰：我也不晓得，（顿了顿）我说喜欢语文老师，数学老师不高兴，说喜欢数学老师，语文老师不高兴，上次你要走时我不是找你说"两个都喜欢的"吗？我到班上，老师一问，我一说"喜欢数学老师"，不知为什么，语文老师脸都红了。

（这么敏感的问题，真不该问。想想，也没什么可说的了。）

冷：嗯，好吧，这回再问你就说"都喜欢"。谢谢你，回班上去吧，好好学习！

当对某件事的叫法成为一个专有名词后，比如"乡村教育""留守儿童"，人们对它的印象就会逐渐变得模式化与刻板化。像我，曾觉得"留守儿童"多是封闭而沉默的，但真正走到他们身边，才发现"留守"只是一种状态，"儿童"依然是他们的本质。他们照样有小小的欢乐、远远的期待和淡淡的幽情——那更多的是对父母的想念，而不是对自己成长的思虑。

兰兰同学在调查中不怯场，给了我一个意料之外的乡村孩子形象。她知无不言，开朗真诚——要是爸爸妈妈在身边，常常跟她谈心，那将会是件多好的事情。从她的回答中，可以看到彼时村小老师的工作，虽然有中心校的管理，但问题始终多多。一、课程管理松懈，无法做到专课专用。二、教师的工作状态不佳，有教师竟然酒后进教室上课。学生也不喜欢教师，否则怎么会连教师姓什么都不知道？三、教学常规管理不到位。教师在学生测试后，没有及时批改。这些问题必然造成学生成绩不理想，于是家长只好一边找人帮孩子补习，一边考虑转学。

友人所见多在教学，我身在其中，尤其在意孩子的成长。首先，是爱的缺乏。她连爸爸、妈妈在哪里都不知道，可以肯定，爸爸、妈妈与她的联系一定很少，这种父母之爱是爷爷、奶奶无法补偿的——同时，这件事也令父母心痛。他们外出是为了孩子，一旦外出，却再也不可能顾得上孩子。其次，这样的教育没有办法让孩子产生自我意识。当我提到成绩，她很真诚地说自己"不晓得"，是啊，她没有参照对象，也没有来自成人的有效评价，而教育如果不能从"立人"着眼，使孩子发现自我，这样的教育就会曲折而无力。乡村生活的意义在哪里？这也是个问题。第三，师生关系紧张。因为一句喜欢谁，就让孩子陷入惊慌，此后都念念不忘。这次面对问题直接不回答。在这样的师生生活状态下，孩子肯定不快乐。

三

一直在农村教学，常常有朋友问我："乡村孩子，他们最需要的是什么？"

乡村孩子是一个大群体，情况很不一样。每个人都有自己的生活细节，生活决定了他们的需要，我怎么能找到一个答案，可以涵盖他们所有的细节？一个"最需要"模糊了他们各自的面孔。

前一阵子，腾讯微博举办了"实现留守儿童一个梦想"的活动，从那些梦想中可以发现，留守儿童的梦想——梦想就是需要——五花八门，但都很微小、很生活化。印象最深的是一个九岁的小朋友，他的梦想是拥有一把刨笔刀，因为爷爷年纪大了，每次削铅笔都很吃力。

就物质而言，孩子们的需要的确很多样，小至文具、书本，大至宽敞校舍，举不胜举。但就内心而言，孩子有一个"最需要"，并且是共同的——就是"关怀"。他们每个人都需要爱与关怀，这正是我所说的"给乡村孩子教育的善意"。杨茂秀先生说过一句话："教师这一行，最根本的良心不是教学之心，是关怀之心。"我觉得就乡村孩子而言，不仅"教师这一行"要"关怀"孩子，社会的方方面面都要关怀他们。

身在乡村，留守家庭，他们已经很辛苦，而很多时候，直接作用于他们的教育政策却往往缺少爱与关怀，少有善意可言。

在村小撤并后，村里孩子上学、放学要搭乘中巴车。因为中心校没有校车，是政府出面协调、安排的农村公交营运车辆。这是个利民政策，但是公交车因为要赶自己的班次做生意，所以每天清晨很早就开始接送学生。往往清晨六点，远一点儿的村里的小孩，就背着书包，站在风里，在村子口、道路旁，等待接送车辆，在冬天，一个个冻得小脸儿通红。且不论孩子的睡眠问题，就这种等车的情形，使孩子们在得到方便的同时，委实增加了苦痛。政策的出发点是好的，可在实施过程中各个环节均缺乏必要的善意。如果投入更多些，学校可以有专门的接送车辆，会不会更方便？如果中巴车老板在班次排布上动点儿脑筋，是不是可以迟一点让孩子离家等车？如果学校针对这部分孩子将作息时间在可能的范围内放宽一些，他们是不是也不用如此赶路？……这些"如果"，就是爱与关怀，就是给孩子教育的善意。

课堂之上，亦是如此。课堂上教育的善意，是最不应该少的。在我的想法里，乡村课堂首要的善意就是破除"知识本位"。师生经历学校生活，要在意彼此的个人能力，"活的乡村教育要教人生利，他要叫荒山成林，叫瘠地长五谷。他教人人都能自立、自治、自卫"。陶行知先生的话放在今天，仍有意义。

教育（政策）的没有善意，常常体现在乡村教育的日常生活之中。比如，农村教育方针、政策"一刀切"的简单化思维；教育中忽视乡村孩子作为"人"的境遇，遮蔽了孩子个体的存在；教学与孩子的生活严重脱节，或者说，孩子所学与乡村无关，与生活无涉，他们过的是一种"他者的生活"……如今乡村几乎步调一致的村小撤并政策，是缺乏善意的代表。村小撤并后，乡村孩子在上学上面临更多的现实困难。

当然，一项政策不可能十全十美，可心存善意是最重要的。孩子还小，在成长过程中，一次次遭遇坚硬的缺乏善意的教育，肯定会出现更多问题。事实上，所谓善意，不唯师者或政策制定者的好心与良善，而是将这种善的意愿最终落实在孩子个性的完善、身心的健全发展上。

四

教育的善意，来自教育者的内心，来自人的情感，来自对人性的尊重，来自对乡村教育的把握。最后一点尤其重要，可是，乡村教师对乡村教育的认知往往很不够。

镇上村小均已撤并，校园景象记忆仍新。校舍前后三排，一间教师办公室，一间被村里征用为"保持先进性教育"学习室和警务办公室。另有六间教室，一、二年级复式教学分两间坐，三、四年级复式共用一间，五、六年级各一间，一间空着。校舍西边是一大块泥土操场，在雾天里就湿漉漉的，操场尽头有根旗杆。校舍东侧是厕所，应上级要求，改为水冲式厕所，小便池上有一排水龙头。后来我发现，龙头全部没水，改得了设备，交不了水费，因为收不着水费——跟学生收水费需要开听证会，中心校拨点款未必管得着厕所用水……

　　那时我就想：在这样的校园里，我们与孩子共同经历的，应该是怎样一种生活？想明白这一点，才会对乡村教育有所把握。在村小，无论课程设置、课本使用、教学内容、课时安排、教学进度，都是主管部门教育意志的体现，制式统一、内容一致。重要的是，这里藏着一个未明白说出的事实：中国教育始终是"城市取向"。"它教人离开乡下向城里跑，它教人吃饭不种稻，穿衣不种棉，做房子不造林"，陶先生的呼吁，言犹在耳。那么，在这种取向的教育设计中，乡村教育除了以更多的努力沿其路径往城市攀爬，有没有自己的路可以走——城市与乡村是否存在不同追求？好似诗人涅斯梅洛夫之问：

　　倘若与整个世界格格不入，

　　何处，何处是我们的栖息之地？

　　上半年，我读了刘铁芳先生的《文化破碎中的乡村教育》，文中提到"给乡村少年一个美好的童年"，并给出了几条路径，令我豁然开朗。而之所以有这些路径，归根到底是因为刘先生对乡村教育、乡村少年保有善意，他内心有善，因此在设计乡村教育路径中处处友善：开展内外文化融合的活动，引导孩子积极发现并感受乡村环境与生活中的美好，引导孩子珍视个人乡村生活与成长的经历，引导孩子珍爱朴实的乡村情感。

　　这些路径，是给乡村的教育善意。

　　兰兰同学后来转进镇中心校，去年在校园里偶然遇到，她已快升初中，问起情况，她说在住宿点很辛苦，学习有退步……对广阔的乡村社会而言，点滴行动影响甚微，就像我再如何关注，也不可能改变多少。兰兰的命运须靠她自己努力改变，而像她这样的孩子又太多太多。但是，我们没有理由不对乡村文化与教育继续抱持乐观的期待与良好的信心。这是勇气，也是善意，真正的教育者的勇气和人之为人的善意。

对整个乡村社会来说，个人努力也许作用很小，但我还是相信，生活并非命运，我可以学特蕾莎修女，怀着一颗伟大的心，做细小的事情，用自己的爱和关怀，给乡村更多教育的善意。

第二辑　语文光亮

聆听文本内部的声音，正是用一双孩子的眼睛，天真地、充满好奇和新鲜地去打量这个文本，去打量我们的孩子，去打量这个世界——当你听到了那个对你们是必然的声音时，想必你也就把握了属于你们的适宜的教与学。

追寻有智慧的阅读

读到一份材料，是美国一家出版社所出小学三年级文学读本中的选文《花木兰》，选文的主体内容是由我国北朝民歌《木兰辞》改编的故事。其中特别引起我关注的是文后阅读题，引录于此。

一、思考问题

1. 为什么花木兰一得知战争的消息就告诉了母亲？

2. 如果木兰以女性身份申请出征，可能会发生什么事？

3. 士兵为何如此惊讶木兰是女性，请列出不少于一个理由。

4. 木兰的行为让你对"勇气"有了什么理解？

5. 人们为什么如此喜爱这个故事？

二、表达

代花木兰给父亲写一封信。

三、社会学习

制作一份领导者奖状，颁发给木兰。

四、观点

比较文本与电影《花木兰》（列图表，小组讨论）。

五、上网发表评论

讲述读完《花木兰》后的感想，针对故事写一篇评论，在网上发表。（附网址）

美国的语文阅读教学一向注重文学反应与文学分析。所谓文学反应与文学分析，是指在文学阅读的过程中，学生在对作品思想感情内容的感悟、理解和表达中，对文学要素进行分析，由此不断提高对文学作品的理解能力和欣赏水平，理解这些文学作品代表着的各种体裁类型、各个不同的视角，以及不同时代与文化背景下的社会生活。文学反应是通过要求学生回答一些问题，对已读过的作品做出口头或书面的回答，以表达对此作品的感受与体验。文学分析则主要集中在对作品中文学要素的理解与分析上，比如人物、环境、情节、情绪以及风格等。《花木兰》的阅读题设计正是基于此两点。比如"思考问题"的第 1、第 4 两题，是典型的"文学反应"；第 2、第 3 两题则是针对当时的社会背景，须联系人物进行"文学分析"。此外，更多的是实践性作业（书信写作、奖状制作）与综合性学习（与电影比较、上网发评论）。

同样是关于花木兰的内容，国内某版教材二年级下册收有《木兰从军》一课，课后习题除了常规的识字、写字外，只有一题"展开想象，说说木兰是怎样说服家人的，然后用几句话写下来"。两相比较，习题里阅读品质、阅读方法、思维广度、实践内涵等方面的差距巨大。

或许，即使不以专业眼光观照，美国语文的阅读题仍会让人感受到别样的味道，它所蕴含的正是阅读的智慧与有智慧的阅读。

什么是阅读，这个问题肯定没有唯一答案，但什么是"有智慧的阅读"，从中美两国不同的阅读题设计中，倒是可见一斑。阅读绝不仅仅是对文中词汇的识记与解码，也不仅仅是对作品局部的关注或理解。往大处说，阅读的本质在于读者可以超越自我的限制，将一切人和一切物感知为一个整体（文本），设想尽可能多的人生，观看尽可能多的事物。这正是文学反应与文学分析的起点。唯其如此，阅读才可以带给读者更多自身之外的知识、感受、体验和经历。就好比循着《花木兰》的阅读题，生活在21 世纪的学生能够穿越一千五百多年的历史，构建起关于"花木兰"这个人物、这个故事的整体景观。他可以探索木兰代父从军的艰辛历程，可以尝试走进木兰内心向家人倾诉戎马生涯，也可以研究当时社会文化中的女性角色与女性生活，还可以跳出时空，将故事与现代艺术进行对比、分析。这样的过程恰恰诠释了美国宾夕法尼亚州《阅读评价手册》中对"阅读"的定义。

> 阅读是一个读者与文本相互作用、构建意义的动态过程。构建意义的实质是读者激活原有的知识，运用阅读策略适应阅读条件的能力。（王爱娣《美国语文教育》）

经过这样的阅读，学生必然会从中获得心灵的愉悦和智慧的启迪。这，岂不正是有智慧的阅读？

美国学者贾尼丝·萨博曾描述过聪明的孩子和智慧的学生各自不同的10个特点。

聪明的孩子	智慧的学生
能够知道答案	能够提出问题
带着兴趣去听	表达有力的观点
能理解别人的意思	能够概括抽象的东西
能抓住要领	能演绎推理
完成作业	寻找课题
乐于接受	长于出击
吸收知识	运用知识
善于操作	善于发明
长于记忆	长于猜想
喜欢自己学习	善于反思、反省

《花木兰》阅读题的引导方向是培养如上表右侧框内的"智慧的学生"。在这样的问题引导下，学生经由阅读过程追索文本核心，又从一篇走向多元，因此他们将极具好奇心，能够提出问题，能深入细致地探讨，表达有力的观点，能概括抽象的东西，能演绎推理，喜欢寻找课题，学以致用，勇于猜想，善于反思、反省……这一切，都源于有智慧的阅读。

　　反观我们的课堂，就教材而言，阅读设计或引导本就单向度与少创意，而教师对文本的利用率又不高。在教学中，学生也很少有机会和有质量地去"碰撞"教材，不会去构建属于自己的文本意义，与作者对话，与编者对话，与同伴对话。师生之间，教师问来问去，问题浮浅；学生答来答去，回答浮漂，双方对文本均缺乏多元思考、深度认识。如此一来，语言积累不丰厚，思想深入不下去，整个课堂，更是少有意义的发生、智慧的积淀。长期如此，大家对"阅读"这件事的理解自然窄化而贫乏，面对浩如烟海的书籍、信息，不能以有智慧的阅读，从中获得更多益处。正如科幻小说大师阿瑟·克拉克所言："身处丰饶之中，却逐渐饥饿至死。"

　　那么，如何追寻有智慧的阅读呢？

　　首先，是与学生一起重新理解"阅读"这件事。阅读不是课堂上被动接受教师的讲读，也不是学生个人随意的闲读。无论是对一篇文章的阅读还是对一本书的阅读，都应该伴随着文本理解与自我意义的构建。从意义的构建入手，就可以打开思路，建立起自我与文本的桥梁，多元解读，更有想象力地做更多事情。而教师应该少关注学生是否能读的问题，而应该关注学生是否能够利用阅读能力做点什么以及是否能做的理由。阅读，更是一种学习能力，一种自我学习、终身学习的能力。

　　其次，追寻有智慧的阅读，也须和学生一起掌握更多阅读策略。如何判断文本主旨，如何做笔记，如何做批注，应标注些什么，阅读过程中可以做出怎样的思考，对阅读过的文本做出哪些反应，这些方面看似大而空，但可以细化，以更多的小问题——《花木兰》的习题设计即是很好的例子，引导学生思考并以恰当的形式表达。事实上，只有当阅读过程与思维过程相结合、理性分析与感性体验相联系，阅读才有可能给学生带来更多的智慧火花。

　　另外，追寻有智慧的阅读，也需要教师有足够的教学勇气。正如美国教育学者帕克·帕尔默所言，真正好的教学不能降低到技术层面，它来源于教师的自身认同和自我完善。江苏省的周益民老师，用五年时间进行

"民间文学阅读与教学"试验，他所执教的童谣、颠倒歌、谜语、绕口令、对联、民间故事等，让学生的脑子动了起来，思维活了起来，润泽了孩子的心灵，滋养了儿童的智慧。之所以能回到话语之乡，回到语言之源，除了周老师对语文教学的独特理解，也因为他有无比坚定的教学勇气，义无反顾地和孩子们一起追寻有智慧的阅读。

西谚有云："打开一本书，打开一个世界。"美国诗人弗罗斯特说："阅读，让我们成为移民。"如果阅读不能让孩子去往更远的世界，让孩子们生长灵性，提升智慧，那只是死读书，读死书，实在令人遗憾。事实上，阅读是教育的灵魂，追寻有智慧的阅读，也就是追寻有智慧的教育，而有智慧的教育，才会带来有价值、有意义的生活。阅读应该是一扇门。走进这扇门，就能给生活带来更多的想象与可能。小说家张大春先生的一段话讲述了他所理解的语文教育：

语文教育不是一种单纯的沟通技术教育，也不只是一种孤立的审美教育，它是整体生活文化的一个总反应。我们能够有多少工具、多少能力、多少方法去反省和解释我们的生活，我们就能够维持多么丰富、深厚以及有创意的语文教育。

依我的理解，这段话也正是对有智慧的阅读的追寻：我们能够有多少工具、多少能力、多少方法去反省和解释我们的生活，我们就能够维持多么丰富、深厚以及有创意的、有智慧的阅读。

聆听文本内部的声音

——《孙中山破陋习》教学三题

　　《孙中山破陋习》是苏教版语文三年级上册中的课文，文中讲述了孙中山少年时与自己的姐姐十分要好，后来母亲因陋习所迫给姐姐缠足，孙中山目睹，内心被深深刺痛，成为临时大总统后废除了缠足陋习。

　　课文篇幅不长，但结构、内容并不浅显。从大处看，文题"破陋习"中"破"是文眼，但"怎么破"没有以更多笔墨呈现，仅是课文最后一节内容，数语提及，点到即止。课文首节与第七节，以对比手法写姐姐缠足前后的不同，第二节到第六节，写孙中山目睹母亲给姐姐缠足及与母亲的一番对话，两处合起来交代的正是"孙中山破陋习"之前因，坐实了文题中"破"所涵含的"为什么破"。此外，缠足一事与孩子们的生活经验隔膜甚多，课文中的人物自身情感饱满，人物之间还形成了情感冲突，但这些情感是否可以落实到孩子们的阅读中，走入他们的心里，却是个问题。

　　最近一次教授本篇时，我重新研读，一再思考后想到本课教学的落点更多应在人物的情感与命运上，重在"这一个"——即孙中山与其家人的经历，揭示他将陋习破除的决心与使命感，而不是仅仅聚焦"缠足"之事与痛，将其所谓"斗争精神"脸谱化、刻板化。我反复读这篇并不算长的课文，觉得编者组织文字时并未强调感官上的刺激，结构与写法均落在人物身上，所以，以往通常对"缠足"以图片等着重出示以显其陋的教学策略，我未多用，只在认识缠足时稍做提示。从最终的课堂教与学的氛围与效果来看，我认为我和孩子们听到了文本内部的声音，经历了一次完整的阅读历程；同时，这也是一次心灵的历程，与孙中山，还有他的姐姐、母亲一起，感受到了缠足之陋，感受到了命运之艰，自然把握到了孙中山破除之因，使得"孙中山破陋习"成为心灵的、自然的需要，而不是猎奇式的观看与阅读，浅薄地对缠足以抨击，给孙中山以夸赞。

以下，即联系本课教学中的三处实况，略为讲述孩子们与我如何"聆听文本内部的声音"。

一、"陋习"需要讨论吗

本课文后习题中有一处提问："什么叫'陋习'？"因此，不少教师教授本课时，会特别从文中人物的表现来感悟、来讨论这个问题。可是，我始终怀疑，借助本文来讨论"陋习"是否恰当。因为"陋习"是一个固有说法，而从本篇语言文字中得出的结论，只是本篇缠足所带来的"陋"，但"习"者为何，往往语焉不详，之前在听另几位老师上课时，就有此发现。课上完后，我向学生发问，说说什么是"陋习"，果然，有的说是不文明的习俗，有的说是不好的习惯。"习"，自然也有"习惯"的意思，但"破陋习"之"陋习"更多的是指习俗、习气，是群体所共有，而不仅仅是某一个人的问题，以"习惯"计，实在有悖课文之义。因此，在教学中，我没有依托本文讨论"陋习"，而是在导入新课时，通过师生交流，将"陋习"之含义直接予以揭示，不在这一细节上纠缠。当然，教学中也不是直接告知，而是借本篇的前一篇《每逢佳节倍思亲》带入。

师：还记得上一篇课文《每逢佳节倍思亲》吗？

生：记得。（学生背诵《九月九日忆山东兄弟》）

师：好。我想问问同学们，到了重阳节这一天，人们都要做什么事情？

生：（朗读）人们扶老携幼，兴高采烈地去登高游玩。

师：对，还有吗？王维想到了什么？

生：（朗读）以前在家乡时，每逢重阳节，总要和兄弟们头插茱萸，手挽着手去城外登高远眺。

师：是啊，到了这一个日子，大家欢聚在一起，做着美好的事情，已经成为所有人不约而同的选择，我们就说它已经是民间的一种习俗。（板书：习俗）那么，像重阳相会，登高望远，当然是一种美好的习俗。你还知道生活中，有哪些美好的习俗吗？比如，一些传统节日。

生：端午节包粽子，有的地方还赛龙舟。

师：对，你反应真快，这是端午节，为了纪念屈原的，有很多美好的习俗。

生：过年，过年时有很多美好的事情，比如，家家贴春联、放鞭炮等。

师：是啊，同学们对过年时的习俗最熟悉了，还有拜年，大人给孩子们——

生：压岁钱！

师：没错！可是，在生活中，也会有一些习俗，并不是文明的，带给人们的也不是什么高兴和美好。（板书：不文明）你知道人们怎么称呼这样的习俗吗？

生：陋习！

师：对，人们称之为"陋习"。（在"不文明""习俗"之上，板书：陋习）"陋习"，就是指生活中存在着的"不文明的习俗"。一起读——

生：（齐读）陋习。

师：既然是陋习，不文明的，那应该怎么做？

生：（齐）要破掉。破陋习！

师：对的，要"破"。（板书：破）今天，我们就来一起读一篇课文，它讲述的正是一位伟人与一种陋习的一段故事。（板书：孙中山）

（生齐读课题）

"陋习"为什么不需要讨论？来看课文后面完整的问题。

5. 什么叫"陋习"？问问周围的老人，以前生活中还有哪些陋习？把你了解到的写下来。

我以为，编者设计此问题，教者的教学重点不在于对"陋习"的研读，而在于将阅读与生活联结，在理解了陋习是指那些不文明习俗的基础上，通过课外实践反观生活，了解更多陋习，或者了解这些陋习的废除或消亡，或者参与对一些残存陋习的破除中，因此，无须将课文主体部分狭隘化，借其来讨论"陋习"是什么，以致学完课文对"陋习"是什么尚有模棱两可之处。

什么叫"陋习"？仅从本篇，其实不易甄别，或者说，难于深入：肉体疼痛、伤害心灵等均是刻板之论，再退一步说，难道"缠足"在孙中山之前就不是陋习吗？难道传统中国就只有"缠足"一项陋习？"陋习"是本篇课文发生、发展的大前提，所以，开始即与孩子们明确其含义，这正可以给"破除"定下一个调子。从这个调子出发，也能更好地听到文中各人的心声。

二、从人物对话到人物内心

课文的主体部分是第三到第六节的母子对话，教学设计如下。

1. 默读第三到第六小节的对话，在你听懂的话后打上"！"，听不懂的打上"？"。

2. 如果把你听出来的意思，在旁边写一写就更好了，或者说给同桌听一听。

任务出示后，学生即默读，自行阅读与思考。接下去，就是用简单的方式进行师生对话，联系之前的问题，以原课文段落为序，先朗读，再交流。

（一）

师：下面，我请同学一句一句地读，其他同学思考：你听出了什么意思？如果没听懂，就认真听其他同学说。准备好了吗？课文的第三小节谁来读？

（指名让学生读第三小节）

师：相信大家一定能从她的朗读中听出很多内容。

生：孙中山很生气、很心疼，他对妈妈说，姐姐被缠了脚，就不能下田干活了。

师：你完全听明白妈妈的话了。那你知道孙中山为什么生气，又为什么心疼吗？

生：因为他很喜欢自己的姐姐，看到姐姐受苦，他就很生气，心疼姐姐。

师：是啊，他生气了，还会因为什么生气呢？

生：他不想让妈妈为姐姐缠脚，他在生妈妈的气。

师：其他同学听出来没有？其实，这儿的生气，更多的是指向妈妈。还有要补充的吗？

生：我听出来他不想让姐姐受这份罪。

师：他完全认为"缠足"对姐姐而言是"受罪"，好像犯了法的人受到惩罚一样。之前那么好的姐姐，现在却要受这么多的苦，你从孙中山的话中感受到什么了吗？

生：他觉得愤怒，在生妈妈的气。

师：就请你用愤怒的语气读一读这一小节。

（生读第三小节）

师：你看，听明白意思，再把它读出来，感觉就不同了，他听出了愤

怒，所以刚才读的时候，就把这份感受读出来了。我请同学来读妈妈
的话。

（二）

（生读第四小节）

师：你听出了什么意思？

生：妈妈叹了口气，她也知道缠小脚不好，可这是祖宗传下来的。

师：妈妈想不想缠？

生：不想。

师：不想，却又给姐姐缠脚，为什么呢？

生1：她说这是祖宗传下来的。

生2：如果不缠小脚，妈妈担心姐姐会被人家笑话。

师：是啊，缠脚的是她的女儿，她却亲手做这么残忍的事情，所以妈
妈"叹了口气"。孙中山听到后会怎么说？一起来读一读，好吧？

（生齐读孙中山的话）

师：明白这句话的意思吗？

生：他说别人笑话怕什么，可是妈妈却没有回答。

师：先讨论孙中山的这一句。你听明白了吗？

生：他就是说，别人笑话没事，只要自己过得好好的。

师：给他掌声。说得多好，只要自己过得好好的，别人笑话怕什么。
孙中山不怕别人笑话，可是他妈妈怕啊，我们接着读下一段。

（指名让学生读）

（三）

师：有同学专门就这句提出了问题，我们可得好好地推敲推敲。你认
为妈妈说孙中山不懂得的是什么事啊？

生：不缠小脚会被人家笑话的。

师：被人笑话也是很痛苦的。

生：他妈妈的意思是：祖宗传下来的是一定要做的。

师：是啊，必须做。谁再来补充？

生：我觉得是说孙中山不知道姐姐为什么会缠足。

生：如果不缠小脚，后果会很惨。

师：对啊，在那个时代，不缠小脚还有些别的风险，比如，在有些地方，找妻子一定要找小脚的，不缠脚的话将来嫁不出去。大人和小孩不同，小孩可以发发脾气，大人却不得不做，所以妈妈就说"你年纪小，还不懂得这些事"。可是，妈妈怎么会含着眼泪呢？

生：妈妈其实也是不愿意的，然而这些东西是祖宗传下来的。

师："缠脚"是一个习俗，正因为它是不文明的，所以才说是"陋习"。"陋习"从来就不是一件简单的事情，它是一种让很多人痛苦的风气。因此，妈妈即便很不乐意，还是含着泪把孙中山推出了房门。早上有同学问老师省略号后面省略了什么，你觉得推出房门后，会发生什么呢？或者说，妈妈会接着做什么事情呢？

生：妈妈继续给姐姐缠足。

师：姐姐也就继续痛苦。如果我请你将"含着眼泪"换作一种别的说法，你会想到什么？

生：妈妈心疼地把孙中山推出房门。

生：妈妈无奈地把孙中山推出房门。

师：是啊，妈妈此刻的心情也是很矛盾的。

生：妈妈无可奈何地把孙中山推出了房门。

师：妈妈不想给姐姐缠足，但还是不得不做。我们一起读这句，读出妈妈的无奈。

（生齐读第六小节）

这几个小节恰恰是一组对话，两个回合，孙中山——妈妈。既是对话，那么锣鼓听音，听话听心——一定要听到心里去，才能听明白。所以，在教这组对话时，在这样的设计里，孩子们或置身于文本化身为角色，或做一个高度参与又悉心领悟的旁观者，都有了"对话"的可能：文中的人物在对话，读者与文本（这组对话）同时在对话。"陋习"之陋，不仅给人带来肉体痛苦，更残酷的是给人带来精神压迫。在"缠足"这件事中，无论是为女儿缠足的母亲还是被缠足的姐姐，都是受害者。这一段对话，正是向孩子们展现了这双重的伤害——这当中，姐姐固然直接身受其害，而母亲也绝不是个单线条的"坏人"，她同样感到无奈、无力。在这样面向文本内部的阅读与对话中，从母子二人的语言里，孩子们与执教者既感受到了"缠足"之害，更听到了人物内心真实的呼喊与吁求。

中国台湾教育学者柯华葳曾根据国外成功的阅读课堂教学案例归纳出一些原则。

①教学目标以阅读理解为主。

②能将所学应用于生活中，可提高学生的阅读兴趣。

③借由教师的示范，使学生看到促成阅读理解的能力及其应用的方式。

④教学须有弹性，并注重师生之间的对话。

⑤反复练习达到一定纯熟度，学生才会应用出来。

除去最后一项面向阅读的训练，这一处教学实施与前四项正是契合的。"阅读理解"——聆听人物的内心；"应用于生活"——联系自身听出什么，听懂多少。之所以这么教，是因为我正是如此读的，于是引导孩子们读，我们一起读。这一阅读过程始终在师生、生生的对话中进行。

当我重读时，因为孩子们的话语又生出不少感动——想自己当时一脚踏对、踏实了。换句话说，只要能听到文本中人物内心的声音（也就是听到文本内部的声音），由此而来的教学实施策略与教学设计，都将是适宜的。在教学中，我们常常为一处或两处的设计纠结，这种情况是不是就意味着，我们并没有真正听到文本的声音，尤其是其内部的声音？

三、"破陋习"的心声

生：孙中山还那么小，可却要承受"再也没有看到姐姐的笑脸，再也没有听到姐姐的歌声"这样的痛苦，所以说这件事刺痛了他幼小的心。

师：是啊，他还那么小，竟要承受这么大的痛苦，你觉得他后来会忘记这些痛苦吗？

生：（齐）不会。

师：所以这件事情深深地影响着他。我们一起来读课文的最后一小节。

（生齐读第八自然段）

师：终于有一天，他成了伟人，有机会去改变很多人的生活，他首先做的是什么啊？

生：废除缠足陋习。

师：同学们，正因为孙中山小时候经历过痛苦，看到姐姐受罪，所以他觉得"缠足"陋习必须废除。孙中山废除陋习时，怎么说的呢？老师找到了孙中山当时发布的命令，选取了其中一段，给大家读读。

师："至缠足一事，残毁肢体，阻阏血脉，害虽加于一人，病实施于子孙，生理所证，岂得云诬？"这句话的意思就是，缠足对人的身体伤害太大了，害了自己的子孙，这是千真万确的事。"至因缠足之故，动作竭蹶，深居简出，教育莫施，世事罔问，遑能独立谋生，共服世务？"意思是说，缠了小脚后，什么事都做不了，既不能学习，也不能出门，走路还老跌跟头，这样还怎么生活呢？"以上二者，特其大端，若他弊害，更仆难数。……当此除旧布新之际，此等恶俗，尤其先事革除，以培国本。"这两个是它最坏的地方，所以先要将这样的"恶俗"，就是同学们说的废除"陋习",让老百姓健康起来。老百姓的身体强壮了,这个国家才有力量……老师读了后有点激动,谁来试着读一读?

(生试读,师指导生字)

师:你看,孙中山牢牢记住了"缠足"这件事,而小时候经历的痛苦促使他——我们再读课题。

(生齐读课题"孙中山破陋习")

为什么在课堂上要不吝篇幅补上这一段以"临时大总统"名义发布的命令?表面上,这是对课文内容的拓展;实际上,我还是希望借此与孩子们一起听听孙中山内心的声音。

依课文的线索,革命成功后孙中山废除缠足陋习自然与他少时经历有关,那么,他在决定破除陋习时是怎么想、怎么说的呢?从这份"大总统令"中正可窥见一斑。同时,补充阅读此令,孩子们除了随着文本以理性眼光审视缠足之"陋",增强了阅读趣味之外,也提升了阅读品位,对孙中山破陋习一事,既有了感性上的认同,更多了理性上的确定。这还是对文本内部声音的聆听。

课堂上出示这一节时,学生也特别感兴趣。他们说,当孙中山构思此命令时,脑海里一定又会浮现出当年母亲与姐姐的身影,也会再次记起自己年幼时的心痛。他们觉得,这些话,不就是讲给他姐姐听的?不也是对妈妈当年那一句"你年纪小,还不懂得这些事"的最好回应吗?由此,孙中山对缠足陋习之"破",就在阅读中构成了一个完整意象,孩子们在聆听之中,经历了一个完整的阅读与感受过程。

世界著名数学家格罗滕迪克说:"构成一个研究人员创造力和想象力品质的东西,正是他聆听事情内部的声音的能力。"我想,对一位语文教师而言,聆听文本内部的声音,同样决定了他在教学中的创造力和想象力。聆听文本内部的声音,自然关乎文本解读,但我以为,这还不止于文本解读,对文本内部声音的聆听,还关涉对孩子(学习者)内心的聆听,因为文本内部的声音更是要说给孩子听的。作家刘亮程有一段话说得好："孩子是最能听懂文学语言的，因为我们的文学就是在人类幼年时代创造的一种艺术。……我们的文学家，还保留了用孩子般清澈天真的眼光去看世界、去感受世界这样一种方式，这就是我们的文学。"所以，对小学教师而言，聆听文本内部的声音，正是用一双孩子的眼睛，天真地、充满好奇和新鲜地去打量这个文本，去打量我们的孩子，去打量这个世界。当你听到了那个对你们而言是必然的声音，想必你也就把握了属于你们的适宜的教与学。

从"好教不好教"看教材选文标准兼及其他

编者解读、记者专访、网友激辩、专家发言……喧嚣一时的某版教材"换血"事件已渐淡去，编的大概编完，用的还是要用。正因这套教材还只是试用，下结论为时尚早。在我看来，整件事最值得一说的，是教材编者所持的语文教科书选文标准。

一

谈到语文教科书编写，叶圣陶先生的观点不可不重温。课文作为中小学语文课本的主干，决定着课本的面貌和质量。叶老首先关注的就是选文，他说："我尝谓选文必不宜如我苏人所谓'拾在篮里就是菜'，选文之际，眼光宜有异于随便浏览，必反复吟诵，潜心领会，文质兼顾，毫不含糊。其拟以入选者，应为心焉好之，确认堪的示学生之文篇。苟编者并不好之，其何能令教师好之而乐教之，学生好之而乐诵之？""欲一册之中无篇不精，咸为学生营养之资也。"

本段话中叶老提出了选文方法，"有异于随便浏览"，"反复吟诵，潜心领会"；选文标准，"文质兼顾"，"堪的示学生之文篇"；选文效果，"教师好之而乐教之"，"学生好之而乐诵之"。可以说，此三者若皆用心达成，编出的教材何尝不"无篇不精"？那么，本次某版教材"换血"中编者是依照什么样的选文标准的呢？请看其对鲁迅作品遴选的说明："编写小组特地对鲁迅的几篇文章做了调研，进入中学课堂听课，看到底好教不好教。根据学生的领悟和接受程度，最后放弃了《阿Q正传》《记念刘和珍君》等名篇，而是新选了名气相对较弱的《铸剑》。"

很明显，从这些话中可以看出选编者的选文标准就是"好教不好教"——令人意外！叶老标准有"乐教"之说，这关系教学态度，而"好教"，怕只关乎教学难度，尽拣容易的来，两者实不在一个层面。什么是"好教"，什么是"不好教"？标准如何定？两者界限在哪里？由谁确诊这篇文章得了"不好教"的毛病？全凭主观？再看另一句，"根据学生的领悟和接受程度"，像句笑话，取法乎上，方得乎其中，今天教师愿教好教的，学生愿学好学的，"此种迁就主义，不知埋没冤屈了几许英才"（钱穆语）。

以"好教不好教"作为教材的选文标准，是对语文教学的深刻轻蔑。我宁愿相信这只是编者潦草的一家之言，得找个说辞吧——借着学生主体的名义。倘若确是对语文教学一片乱象痛心疾首后发于肺腑的大彻大悟，那我只能再次重复宾四先生的论断："今日中国中小学本国文字文学之课程，皆乌龟也。"（参见《从整个国家教育之革新来谈中等教育》）

二

文化批评家王晓渔先生讲过一件事，很有意思，他"下学期要开两门课，一门中国通史，一门西方文化史。这两门课都漫无边际，因此教材的选择非常重要"。于是往前追溯，有了发现。

在选择中国通史教材时王先生从书架上找到一本《国学概论》，顺手抽出一翻，原来民国年间中学都有"国学概论"一课，钱穆为授课之用撰写了此书，先后在江苏省立第三师范和江苏省立苏州中学讲授过。1956年该书再版时，钱穆感慨书成30年来，"中学程度，普遍低落"。王晓渔先生以为："这本书给大学生看已经有些为难，只能放弃。"至于西方文化史，找到的是陈衡哲所著《西洋史》，孰料这也是当年的中学教材，系王云五嘱托陈撰写。王先生一路翻下："一方面为其中饱满的知识量而欣喜，一方面又有些担心学生消化不良。"他肯定这本书现在的中学生是无力阅读了。读到这里，让人不禁疑窦丛生：当年的中学生怎么就"有力阅读"？

读《过去的中学》，书中多则一往情深的回忆文字透露出不少旧时语文课堂的信息，最显著的一条就是让彼时学生终生难忘的国文教材，大多是教师自己编定的。比如：

茅盾写自己的老师杨笏斋（湖州中学）："杨老师他教我们古诗十九首，《日出东南隅》，左太冲《咏史》和白居易的《慈乌夜啼》《道州民》《有木》八章。"

钟子岩的老师夏丏尊（春晖中学）："课文所选入的全部是语体文，而先生认为中学生也应养成阅读古书的能力，所以也选印了一些文言教材，如庄子的《逍遥游》、墨子的《兼爱》、司马迁的《项羽本纪》、陶渊明的田园诗……末了，他总要结合课文，把世界思想家的思想、学说，如达尔文的《进化论》、卢梭的复返自然说和《民约论》、莫尔的乌托邦思想、尼采的超人哲学、叔本华的悲观哲学以及马克思的剩余价值说等等，言简意赅地介绍给我们。文学方面，他常提及的是托尔斯泰的《安娜·卡列尼娜》、陀思妥耶夫斯基的《罪与罚》和易卜生的《娜拉》等。这些讲述不仅使学生开阔了思想境界，而且富有吸引人的魅力。"

南开的孟志荪老师更是此间翘楚，学生朱永福在《激情孟夫子》中写道："国文课，从初一到高三，全是学校自编的，孟老师是主编者之一。对比当时的其他国文教材及以后屡经改变的语文教材，依小子愚见，是最好的一套语文教材。"

怎么看怎么觉着这些老先生什么都考虑了，就是没考虑"学生的领悟和接受程度"，这大概就是学生"有力阅读"的根本原因。

当时鲁迅作品亦已进入课堂，于光远先生讲道："此外，他（北京三中老师张苏）还教我们《阿Q正传》《狂人日记》以及《药》等等。这几篇课本里没有选入，但是他还是让我们自己阅读而且辅导我们学习。在他的讲授中，鲁迅的作品占到很大的比重。他讲这些作品时带有深厚的感情，而且使我明显地感到他把我们这些少年的思想引向深入。"

由此可见，"好教不好教"，绝非妥帖恰当的选文标准，"中学程度，普遍低落"，也许这"不好教"掩饰的是"不会教"与"不会学"。所谓"学生的领悟和接受程度"，同为畏缩之言，不妨问一问：人种没变，这"领悟和接受程度"怎么就一路在退？

三

"好教不好教"背后的意思就是"难学不难学"，因为学生难学，所以不选，要选，须是学生容易学的。当然，文章太难，学生确实不易接受，但是不是就非得避难就易，越雷池一步就不可？怕不是这么简单。

张中行先生就曾极力主张每册教科书都要选入相当数量的比较艰深的课文，凭此培养学生阅读艰深文章的能力。他认为，一个人在生活中不可能一直阅读适合自己程度的读物，倒是常常接触一些较深的书籍，读起来半懂不懂，这时候就要硬着头皮读，力争多读懂一些，从不懂到懂。教科书中有意识地选入难课文，就是为学生在课外、在生活中阅读艰深读物打下基础。

我觉得这是识者之言，阅读难文，不仅是面对此篇攻克此篇，更多的是打下阅读基础，使学生将来可以尝试往高处走一走，或者说，借助难文，更能有阅读方法的教授与学习。

评论家张新颖专门为中学生写过一篇关于读书的文章，就叫"读书这件事"，他特别提出要"读自己读不大懂的书"。

为什么要去读自己读不大懂的书呢？如果读一本对于你没有任何障碍的书，这说明这本书的想法和你差不多，你很容易认同，它和你的水平处在同一个线上，稍微高一点或者稍微低一点；你读起来没有障碍，也就是说这个书对于你来说是没有新东西的，和你的理解水平、理解范围是差不多的。阅读这样的书，当然会很轻松，没有那么多的困难。可是就是因为没有了困难，你也就失去了克服困难之后才能获得的东西。人不能老是去读自己完全读不懂的书，但也不能老是去读一读就懂的书。主要要去读的，是那些能够懂一些，但是还有一些不能够懂，能够理解一些，但还有一些超出已有理解的书。应该不断地去读这样的书，这样才能够使读书成为一个不断地提高自己的过程。

想来中学生如果不能通过教材"不断地提高自己"，反而一次次畏难怕苦，且以"接受程度"为由推三阻四，那么阅读能力能否提高不言自明。编者本应站得更高，充分认识到这一点，如今却变相迎合，实非正道。

"我们需要的书，应是能击破我们心中坚冰的利斧。"（卡夫卡语）

四

针对选文变动，编者接受访谈时多次提及"时代性"。比如，收录了不少当代作品（例如《许三观卖血记》《哦，香雪》等），又如，引入网络语言，再如《陈奂生上城》被撤换，编者觉得该文"年代实在是太久了，而且其内容也有些过时"。且不去追究这篇文章是不是确实年代久远不堪一读，就教材选文而言，"时代性"实是可疑标准。一直以来，我国语文教育所经历的每一次变化，几乎都与当时的社会变革有着密不可分的联系。这种现象，曾被解释为保持教材的时代性。然而若稍加回顾，便不难发现，当初许多最富时代性的作品，到后来恰恰成了最反时代的糟粕，这到底是编辑家们的悲哀，还是受教育者的不幸？

文学应该有其一以贯之的永恒之处，如真，如善，如美，而"时代性"对这些都是极具伤害力的。"时代"越有问题，文学中的"时代性"才会越强。最富时代性的作品，到后来恰恰成了最反时代的糟粕，这恰恰就是时代的问题。说句不客气的话，"时代性"极强的文学，就是一种遵命文学或是认命文学，有不肯屈服的，美其名曰"革命文学"，这些都可以说是具有"时代性"的。毫无疑问，这些与时代紧密相连的内涵会成为文章挥之不去的梦魇。时过则境迁，当初的时代性无处可觅甚至已成现实障碍，文学价值大大下降，夏志清在《中国现代小说史》里说得很透彻。举个众所周知的例子，沈从文先生，就像那个时代的局外人、旁观者，当初为多少文人所轻所薄，事到如今呢，正如他自己所说："说句公道话，我实在是比某些时下所谓作家高一筹的。我的作品会比这些人的作品更传得久、播得远。"

这是超脱了时代性的永恒。

不可否认，教材要有时代性，但绝不能成为时代的传声筒。事实上，如果我们始终没有一个成熟的理念，而一味在时代的旋涡中追风逐月，又怎么能够把握住时代的真谛呢？

五

语文课程既然要培养学生正确理解和运用祖国语言文字的能力，那么选文的语言文字必须精益求精，一定是能称得上"例子"的。中学语文教材有名篇《最后一课》，刘征先生曾讲过这篇课文的确定经过。

先由叶老读一句原来的译文，再请通晓法文的编辑评论译得准确与否，然后大家讨论，琢磨最准确生动的表述。讨论得差不多有结论了，由普通话水平高的编辑评论是否符合普通话的习惯说法。最后由叶老一锤定音。这样经过四五天的集体讨论，才完成这篇课文的修改。

再举一个人所熟知的例子。1962年人民教育出版社中学语文室的同志提出把《谈学逻辑》（作者潘梓年）、《在莱比锡审讯的最后发言》（节选自《季米特洛夫选集》）、《在法庭上》（节选自高尔基的《母亲》）、《在狱中》（节选自《青春之歌》）、《怎样评价〈青春之歌〉》（作者茅盾）等七篇文章选进教科书。叶老提出不同意见，说这七篇文章"仅为粗坯"，"实未具语文教材之资格。我人决不宜抱'唯名主义'，以为如潘梓年、茅盾二位之文，尚有何话说。我人亦不宜盲从市场情况，以为《季米特洛夫选集》《母亲》《青春之歌》行销至广，读者至众，何妨来录其一章一节为教材"。"此七篇者，姑谓其质皆属精英，若论其文，则至为芜杂。意不明确者，语违典则者，往往而有，流行之赘言，碍口之累句，时出其间。以是为教，宁非导学生于'言之无文'之境乎？"

对《雪山飞狐》选段编者有评述，"金庸的武侠小说很有文学性，心理描写和景物描写都颇有门道，读起来也引人入胜"，我不知道编写组是如何讨论并确定这一点的。选段全文我没有读到，但我想如叶老这般对语言文字严谨到近乎苛刻的编写态度大概是今天的教材编写者所不具备的。编者谈余华作品，就认为"在中学生之中，余华的读者群很大"，"应该在课本中给余华一个位置"，这岂非正是叶老所言的"唯名主义"与"盲从市场"？

六

"换血"论争，不少焦点集中于鲁金（鲁迅、金庸）对垒，就此表象金庸何其有幸，昔日江湖人多言金古或古金（古龙、金庸），日后怕更多要说鲁金或者金鲁的。当然，这也其来有自，不是一天两天的事了。问题的关键在于，语文教育出了问题，若只论篇目求解，鲁金之争就是个伪话题，不管是金庸还是其他人进教材，都可理解为教材选文的"多元"，选谁不选谁，谁也没法替代谁。事实上，现在语文教育之所以备受诟病，不仅是选文的问题，或者根本不是选文的问题，问题出在其他更多方面。由于人们习惯将语文学习理解为语言文字训练，此种狭隘观点必然影响对文章的知性选择，语文何尝如此简单？它在本质上也是要"提供思维方式的，是要解决一个人对宇宙、人生根本看法的，它不光融汇哲学、历史等人文学科，而且也为探索自然界的奥秘提供了最初的动力和永久的滋养"。（傅国涌语）如果我们的目光一直如此短浅，不能够将语文的文本世界从本质上变得更为广阔、更加开放，让语文课本接受更多能够体现凡是自然的、人类的基本常识，我们就永远无法把握语文教育真正的缰绳。

另外，对比"过去的中学"，语文教材选用还存在"教学自由"问题——很难想象现在有哪所学校可以"从初一到高三"全用自编教材。尽管国家也有相关规定表示鼓励和支持单位、团体和个人编写教材，但迄今为止，中小学使用的教科书基本是教育主管机构邀请专家、学者编写而成的，并且要经过相当严格的审查，很少有哪一个民间机构或者个人独立编写的教科书被正式采用。如果茅盾、朱永福等前辈今日求学，是不可能接触到国文老师激情四射、才华横溢的自编教材的，顶多也就是作为课外泛读材料吧。当然，论及此点，也必须承认，现在没几位语文老师可像当年的孟志荪那样编出"最好的一套语文教材"。这可能也是语文教学问题的一方面，学生的领悟与接受能力退步，教师的此种能力也未见有多高。

话说回来，学了这么多年，《阿Q正传》现已成为艰深的文章，必得换掉。可知当年钱穆先生对《阿Q正传》尚有不屑，"昔日中学生国文课颇读《史记·项羽本纪》之类，今日中学生则只读鲁迅之《阿Q正传》"。所以，可怕的不是《阿Q正传》现在被换掉，而是有一天《雪山飞狐》也成为艰深的，又得换了，就这么换下去，直到换无可换。

还是听听俞平伯先生是怎么说的：

　　所以文字教育的失败，表面上看只是读书种子稀少，一般国文水准低落而已，骨子里已损害民族国家的前途，自非好作危言耸人听闻，废书不读可谓今日之流行病。用功的人难道没有？即有少数的人好学潜修也不足挽回这颓风。即以学校教育而论，听讲的时间每多于自修，而自修课业，有如太史公所谓好学深思心知其意者能有几人？我不敢轻量天下之士，武断地说或者不多罢。如何使人安心向学，对读书感到兴味，似是小事，却是牵连社会生计问题，譬如饿着肚子读书当然不成的，更有关于教育考试铨叙各制度的改革。我们从事教育写作文字的固责无旁贷，但已不仅是个人努力的事，而成为民族复兴国运重光的大业之一了。

这才是"正说"，也应是所有语文教师讨论教材选文问题以至语文教育问题的前提与出发点。

却向教材觅"儿童"

冉云飞先生曾用"无趣是怎样炼成的"形容语文教材，其用语大胆而用心良苦。"今天我送进学校一个纯朴的儿童，明天你将还我一个怎样的青年"，作为教材，任何一篇文章的遴选均需推敲斟酌，不可不慎之又慎。近几年随着课改深入，根据课程标准教材编写目标及要求，各版本教材都力求体现新课程的精神，更新学习内容，变革学习方式，较以往有明显进步。

值得注意的是，小学语文教材，承载着一个国家的教育观，其中到底有没有"儿童"是非常重要的。目前，尚有某些教材选文成人意志过强，仍将儿童当作可任意塑造的物，或将儿童赶上社会迷途而不知返，甚或童心不再，漠视儿童，这些不能不引起重视。

一、"被迷惑"的蒲公英

蒲公英的花瓣落了，花托上长出了洁白的绒球。一阵阵风吹过，那可爱的绒球就变成了几十个小降落伞，在蓝天白云下随风飘荡。

太阳公公看见了，亲切地嘱咐他们："孩子们记住，别落在表面上金光闪闪的地方，那是沙漠。也不要被银花朵朵所迷惑，那是湖泊。只有黑黝黝的泥土，才是你们生根长叶的地方。"

小降落伞大声答道："放心吧，太阳公公！我们一定到泥土中去生长！"可是，有两颗种子却不这样想。一颗种子望了望下面的大地说："这黑黑的泥巴有什么意思！瞧，那金光闪闪的地方一定有数不尽的宝贝。到那儿去，我准会变成百万富翁。"于是他就向沙漠飞去。另一颗种子落在湖泊里，他得意地说："这波光粼粼的湖面，一定能给我带来欢乐！"

第二年的春天，落在沙漠里的蒲公英种子早已干死；落在湖泊里的种子早已淹死；只有落在泥土里的种子茁壮成长起来，他们在金灿灿的阳光下竞相开放，把大地装点得更加美丽。

讲读课文《蒲公英》。教学参考书上的说法为："本文是一则童话故事，全文采用拟人的手法，写蒲公英的种子对太阳公公的嘱咐有不同的想法和做法，结果他们的命运也各不同。从而告诫人们做事不要被表面现象所迷惑，要实事求是，不要有不切实际的幻想。"

读完课文，首先想起施韦泽自述中的话：我们成年人传授给年轻一代的生活知识，不应该是"现实将除掉你们的理想"，而应该是"坚持你的理想，生活不能够夺取你们的理想"。两颗未按既定路线行进的小种子，是不是也算在坚持着自己的理想？如此说来，这个小小的故事，同样藏着理想与现实的交战。

课文文字浅显有趣，太阳公公和小种子们的形象鲜明，个性独特。太阳公公是"有人生经验的老前辈"，他所立足的现实是"黑黝黝的泥土"。小种子们面临选择时的各人答话极为生动："放心吧！……我们一定到泥土中去生长！""这黑黑的泥巴有什么意思！……我准会变成百万富翁。""这波光粼粼的湖面，一定能给我带来欢乐！"后两句肯定是很多人常有的想法，得陇望蜀，谁不想有钱有快乐？可惜命运大不同，"不切实际"去追求金钱和快乐的种子死了，落在泥土里的种子茁壮成长起来，现实最终大获全胜，追求理想的付出惨重代价，上演了一幕悲剧。可事实上，这不是小种子的问题，而是因为作者的设定。

本篇中，作者很巧妙地将小种子的选择置于非此（生）即彼（死）的境地，于是，追求方向就成了命运的唯一主宰。这截然不同的命运凸现了理想与现实的不可调和，也使得"放弃理想"顺理成章，因为追求理想就是死路一条。然而，相对于现实，有重要一环被作者忽略了，那就是

"引导"。按照教材分析，矛头指向了不切实际去追求金钱和快乐。准确地说，这样的想法不能说毫无道理，尤其是年轻人，比起有人生经验的老前辈化身的太阳公公，他们本就没有人生经验，金钱与快乐对他们肯定有着相当的吸引力，那么，是不是只嘱咐一声就完了，嘱咐一声后要不要扶一把、送一程？我们是不是应该多些教育与引导？教育本是慢的艺术，在他们真被"金光闪闪"与"银花朵朵"所迷惑的时候，我们是不是更应该及时出现，而不是在这个最重要的岔路口处失去身影？难道，非得等到后生小辈碰了一鼻子灰甚至付出生命的代价后，才得出种种血的教训？读到最后，我们的小朋友一个个慷慨激昂，得了人生真谛，可怎么看都有种事后诸葛亮的疏离。这种疏离，恰恰就是因为对理想的冷漠，是对现实的一种适应。本来，在追求方向确定后，重要的并非"不被表面现象所迷惑"，而是我们要指导孩子们如何识别与分辨这些表面现象。换句话说，理想绝对不是什么要不得的东西，关键是如何使理想确实成为"理想"，可以脚踏实地追求——使孩子拥有成熟而正确的理想。仍是施韦泽所说："我们应该达到的成熟，是不断地磨砺自己，使自己变得日益质朴、日益真诚、日益纯洁、日益平和、日益温柔、日益善良和日益富于同情感，这是我们走向成熟的唯一道路。""磨砺自己"——掉进"金光闪闪"与"银花朵朵"的地方未必不是一种磨砺，只不过，作者因说教的要求而特意安排的两难境地使得磨砺的结果是丢了性命。

几十年前鲁迅先生对儿童教育有评说："中国一般的趋势，却只在向驯良之类——'静'的一方面发展，低眉顺眼，唯唯诺诺，才算一个好孩子，名之曰'有趣'。活泼、健康、顽强、挺胸仰面……凡属'动'的，那就未免有人摇头了，甚至于称之为'洋气'。"又说："驯良之类并不是恶德，但发展下去，对一切事情无不驯良，却决不是美德，也许简直倒是没出息。"（《从孩子的照相说起》）简而言之，这个世界是由大人设计好的，处处留有成人的印迹，是由"成人打造得日趋精致的世界，对年轻一代人来说，最重要的就是学习，同一条路，先辈走，你也走，代代相传，口口相印，沿着长辈走过的脚印认真地走好自己的生命之旅，这叫'上路子'"（刘云杉语）。而理想，当然是不必要的，也就无足轻重了……

行文至此，想到一条新闻。11 岁英国女孩凯尔赛·诺兰为了完成学校的一篇题为《飞行和太空》的文章，大胆地给英国皇家海军总司令乔纳森·班德写了一封信。总司令不仅给她亲笔回了信，还下令让一架满载各种先进武器、价值 1400 万英镑的海军直升机前往诺兰的学校。当飞机降落在学校操场上时，全校师生目瞪口呆。两位飞行员向学生讲解了飞机的各种性能，还邀请诺兰登上飞机，体验飞行的感觉。

我们可以为诺兰感到幸运，但必须看到，这份幸运背后正是总司令对孩子梦想的呵护与鼓励，尽可能达成她的梦想，让她对未来充满好奇和勇气。诺兰现在最大的愿望就是成为一名女飞行员，驾驶着自己的飞机翱翔在无垠的蓝天。"梦是唯一的真实。"（费里尼语）关于理想与现实的矛盾，当教材有所涉及时，其评判尺度当严谨而温和，切不可生硬到在极端情况下剖析甚至以生死警戒。教育应该给孩子追求幸福的勇气，而不是在指责中使他过早适应这个社会，上不上路子，在未来的世界里，大概还应由孩子自己说了算。

二、"我要成名"的玄奘

传说玄奘刚剃发的时候，在法门寺修行。法门寺是个香火鼎盛的名寺，每天晨钟暮鼓，香客如流。玄奘想静思养神，潜心修身，但法门寺应酬太繁，同时他又感到自己虽青灯黄卷苦苦习经多年，谈经论道却远不如寺里的许多僧人。

有人劝玄奘说："法门寺是个名满天下的名寺，水深龙多，集纳了天下的许多名僧，你若想在僧侣中出人头地，不如到一些偏僻小寺中阅经读卷，这样，你的才华便会很快显露出来。"

玄奘想了很久，觉得这话很对，便决意辞别师父，离开这喧喧嚷嚷、高僧济济的法门寺，寻一个偏僻冷落的深山小寺去。于是，玄奘打点了经卷、包裹，去向方丈辞行。

方丈明白玄奘的意图后，问玄奘："烛火和太阳哪个更亮些？"玄奘说当然是太阳了。方丈说："你愿意做烛火还是愿意做太阳呢？"

玄奘认真思忖了好久，郑重地回答说："我愿做太阳！"于是方丈微微一笑，说："我们到寺后的林子里去走走吧。"

法门寺后是一片郁郁葱葱的松林。方丈先将玄奘带到不远处的一个山头上。这座山上树木稀疏，只有一些灌木和三两棵松树。方丈指着其中最高大的一棵，说："这棵树是这里最大最高的，可它能做什么呢？"玄奘围着树看了看，这棵树乱枝纵横，树干又短又扭曲，就说："它只能做煮菜的薪柴。"

方丈又带玄奘到那片郁郁葱葱的林子中去，林子遮天蔽日，棵棵松树秀颀、挺拔。方丈问玄奘："为什么这里的松树每一棵都这么修长、挺直呢？"

玄奘说："是因为争着承接天上的阳光吧。"方丈郑重地说："这些树就像芸芸众生啊。它们长在一起，就是一个群体，为了一缕阳光，为了一滴雨露，它们都奋力向上生长，于是它们棵棵可能成为栋梁。而那远离群体零零星星的三两棵松树，在灌木中鹤立鸡群，不愁没有阳光，没有树和它们竞争，所以，它们就成了薪柴啊。"

玄奘听了，惭愧地说："法门寺就是这一片莽莽苍苍的大林子，而山野小寺就是那棵远离树林的树了，方丈，我是不会离开法门寺的！"

在法门寺这片森林里，玄奘潜心苦修，终于成为一代名僧。

是的，一个想要成才的人是不能远离社会这个群体的，就像一棵棵大树，不能远离森林。

钱文忠先生在《百家讲坛》开讲"玄奘西游"，收视甚佳，从他的讲解中人们重新看到湮没于历史长河的一代高僧玄奘，但上文那篇名为"生命的林子"的课文中，"玄奘"于其中怕只是个符号，因为我们从中看不到高僧一丁点儿的淡定、从容与执着。一个僧人汲汲于出头露脸已相当讽刺。当然，你可以说玄奘彼时正年轻。不过据史书记载，玄奘出家根本不在法门寺。所以，这个故事，如果要从真实性上去考证，那只能是七宝楼台，一拆即散。

《新周刊》杂志做过一期有关"成功"的专题，指出现代社会有三粒毒药：消费主义、性自由和成功学。所谓成功学，就是指坊间屡见不鲜越做越滥的励志鸡汤小品图书、职场秘籍心得讲座、人生指南向导研讨……本篇算一则励志小品，可以给它挑几个关键词：出人头地、才华显露、水深龙多、成为栋梁、鹤立鸡群……

这些无一例外都指向竞争，指向"成功"，在成功的糖衣下，包藏一颗不安的心。

以"成功"作为我们的教育观，此种教育观下的儿童观也就可想而知了。课文里的"成功"归根结底就是成名，"成为一代名僧"。或许，这种名利感会让成年人觉得无可厚非，但如此堂而皇之入选小学语文教材，做儿童的"导师"，则太虚伪，难道教育者是想通过本文培养一大批"成功人士"？儿童，本应在这金色年华尽情享受纯粹的童年的快乐，却不料已经背上"成功"这个重重的包袱。如法国学者雅卡尔所说，"战士的经历"开始了，放在中国孩子身上，即"应试"的开始。朱大可先生认为目前我国"应试教育引发深度危机"，冗长的考试链，已经贯穿从幼儿园一直到博士这长达25年的生命线；同时，在这条考试链周围还夹杂着各种各样如儿童乐器考级、外语考级、计算机考级，以及各种成人职业考试、行业证书考试等。成功的焦虑，来自考试的焦虑；而考试的焦虑，又引发了对成功的焦虑，最终引发一场"教育的迷狂"。一位母亲的言论流传甚广："如果我还他一个童年，那我就欠他一个成年！"

多么实际的计算与取舍，"教育即生长"实在不堪一击。在上句话中，

"成年"已经被这位母亲认定为某种成功。而大家都忘了，一个牺牲了童年的孩子，就算在成年取得再大的成功，他的生命也已不是完整的呀。也许，他所取得的"成功"终究是要打折的。

换个角度，文章也许强调了"竞争"。现代社会，竞争确实是残酷的。但我们应该教育所有孩子"不仅是学会竞争，更要学会关心。教育的目的应该是鼓励有能力、关心他人、懂得爱人也值得别人爱的人的健康成长"（内尔·诺丁斯《学会关心——教育的另一种模式》）。

回头来看课文，事实上这篇课文在重重矛盾中并不能自圆其说。课题叫"生命的林子"，我们随方丈来到第一处林子，这个林子里有没有生命？有的，灌木也好，松树也罢，也是自在而活，但因为只能做"薪柴"便被忽略不计了，很没有道理，此其一；其二，这里隐含了一个价值判断，人成为薪柴是无用的。

待来到第二处林子，这一段描述的文字与前一节形成了强烈的对比。从"竞争"的角度，这里是设喻说理。两种状况映射出两种选择，往树堆里去，结果健康结实；偏安一隅，反成朽木杂枝。问题是：可不可以由这两种现象得出文章结论呢？

其实，这个比喻是误用了，作者想借"共生效应"说事，不料说的还是竞争。在自然界，一株植物单独生长时，往往长势不旺，没有生机，甚至枯萎衰败，而当众多植物一起生长时，却能长得郁郁葱葱，挺拔茂盛，人们把植物中这种相互影响、相互促进的现象称为"共生效应"。不过，这个共生效应实在不是方丈领玄奘看到的群体间的竞争，其实是植物间的某种"合作"。诚然，此亦钻真实性的牛角尖。不过，方丈之言，纯就"竞争"而言，有竞争的有生命，无竞争的无活力，有生命的蓬勃，无活力的枯败，仅此而已。问题是，人非草木，植物之生成是否可以直接与人之成才挂钩，这实在值得探究。也就是说，这个设喻的逻辑可否成立，可否由其因得其果？借事喻理的文章，"理"是否让读者信服，关键在于"事"是否真实可信。此处的引导很容易滑向一个"环境决定论"。照着课文思路，玄奘打消了念头，就是因为他认定了在山野小寺里成不了大才——岂非矫枉过正了？黄山迎客松，远离森林，孤峙山外，它的名声大概比天下所有松树要响要亮吧？当然，你可以说这是个特例，但我就只是打个比方。文中"它们都奋力向上生长"不可小觑。有竞争是一方面，个人的主观行为是另一方面。每棵树都迎着竞争冲了上去，在奋斗在拼搏，所以也就可能成为栋梁。但也不能有"竞争决定论"，得出有竞争处必成长的结论——自家不努力，竞争之下焉能胜出，只有出局。

出局的压力又是成功的压力，难怪孩子们读到"儿童散学归来早，忙趁东风放纸鸢"会生出无限的遐想与无穷的困惑。真的，这样的生活于他们已是遥不可及的梦幻。

另有一点，本文中的"成功观"还是很狭隘的，方丈将薪柴与栋梁对立起来，至少在他心目中薪柴是无用的东西。是这样吗？谁敢说薪柴就没有它的大自在、大快乐？请看庄子的《逍遥游》。

惠子谓庄子曰："吾有大树，人谓之樗。其大本拥肿而不中绳墨，其小枝卷曲而不中规矩，立之涂，匠人不顾。今子之言大而无用，众所同去也。"庄子曰："子独不见狸狌乎？卑身而伏，以候敖者；东西跳梁，不辟高下；中于机辟，死于罔罟。今夫斄牛，其大若垂天之云。此能为大矣，而不能执鼠。今子有大树，患其无用，何不树之于无何有之乡、广莫之野，彷徨乎无为其侧，逍遥乎寝卧其下。不夭斤斧，物无害者，无所可用，安所困苦哉！"

很遗憾，这样的大境界全篇文章未沾丝毫，尤值得注意的是，作者只见成功，不见儿童。编者选编教材时仍然如此，这样的成功学毒药收进教材，真不知道是打算作为兴奋剂驱赶孩子，还是作为麻醉剂麻醉孩子。反正儿童是不重要的，或者兴奋剂，或者麻醉剂，随他们来了。施韦泽说："如果人都变成他们14岁时的样子，那么世界的面貌就会完全不同。"但是，在孩子

14 岁的时候，我们的教育者却在把所有的世故与老成都教给他。为了一个虚无缥缈的成年，他的 14 岁就几乎不存在了，连想象都没了。

三、"无情"的启蒙

童年的夏夜永远是美妙的。暑热散去了，星星出齐了，月亮升起来，柔和的月色立即洒满了我们的篱笆小院。这是孩子眼里最美的时辰。母亲忙完了一天的活计，洗完澡，换了一件白布褂子，在院中的干草堆旁搂着我，唱起动听的歌谣：

"月亮出来亮堂堂，打开楼门洗衣裳，洗得白白的，晒得脆脆的。"

"月儿弯弯像小船，带俺娘俩去云南，飞了千里万里路，凤凰落在梧桐树。凤凰凤凰一摆头，先盖瓦屋后盖楼。东楼西楼都盖上，再盖南楼遮太阳。"

她用甜甜的嗓音深情地为我吟唱，轻轻地，像三月的和风，像小溪的流水。小院立即飘满了她那芳香的音韵。

那时，我们日子清苦，但精神生活是丰富的。黄河留给家乡的故道不长五谷，却长歌谣。母亲天资聪颖，一听就会。再加上我的外婆是唱民歌的能手，我的父亲是唱莲花落的民间艺人。母亲用歌谣把故乡的爱，伴着月光给了我，让一颗混沌的童心豁然开朗。

母亲唱累了，就给我讲嫦娥奔月的故事，讲牛郎织女天河相会的故事……高深莫测的夜空竟是个神话的世界。此时明月已至中天，母亲沉浸在如水的月色里，像一尊玉石雕像。她又为我唱起了幽默风趣的童谣，把我的思绪从天上引到人间：

"小红孩，上南山，割荆草，编箔篮，筛大米，做干饭。小狗吃，小猫看，急得老鼠啃锅沿。"

"小老鼠，上灯台，偷油喝，下不来——老鼠老鼠你别急，抱个狸猫来哄你。"

"毛娃哭，住瓦屋。毛娃笑，坐花轿。毛娃醒，吃油饼。毛娃睡，盖花被。毛娃走，唤花狗，花狗伸着花舌头。"

民谣童谣唱过了，我还不想睡，就缠着她给我说谜语，让我猜。母亲说："仔细听着：麻屋子，红帐子，里边睡个白胖子——是什么呀？"

我问："朝哪里猜？"

母亲说："朝吃的猜。"

我歪着头想了一会儿，硬是解不开。母亲笑着说："你真笨，这是咱种的花生呀。"

母亲不识字，却是我的启蒙老师。是母亲用那一双勤劳的手为我打开民间文学的宝库，给我送来月夜浓郁的诗情。她让明月星光陪伴我的童年，用智慧才华启迪我的想象。她在月光下唱的那些明快、流畅、含蓄、风趣的民歌民谣，使我展开了想象的翅膀，飞向诗歌的王国。

陶行知先生写过一首《小孩不小歌》，说"你若小看小孩子，便比小孩还要小"，教材中某些选文，便有"小看小孩子"的毛病，比如对文章的"无度删改"，如上所陈《月光启蒙》一文。

本篇原文为《往事如歌——月光母亲》，作者孙友田，选入此教材时被编者自文题改起，截头去尾、结构调动、删句去段，可说面目全非。尤令人不解的就是，文章开头文字全部抹净，已失去原文大半情感力量，实在得不偿失。原文开头为：

母亲患了老年痴呆症，失去了记忆。我赶回老家去看她时，她安详地坐在藤椅里，依然那么和蔼、慈祥，但却不知我从哪里来，不知我来干什么，甚至不知我是谁。不再谈她的往事，不再谈我的童年，只是对着我笑，笑得我泪流满面。

微风吹乱了母亲的满头白发，如同故乡的天空飘满愁絮……

情深意切的文字，引出一段无尽思绪，这样的开头，岂能一删而净？

在学这篇课文时，我采用的是原文，学完后与学生对比两篇，大家一致认为改动后的文章意境大变，少了母亲失忆的重大情节，头尾掐掉后彻底丢失了文章的情感脉络，极大削弱了深藏文中的情感力量。正由于母亲失忆，"我"念起旧时童年母亲诸般好来。这些再无法追回，而更令"我"痛苦的是，这些曾经是母子共同的美好却又只剩我一人追忆，因为母亲"失去了记忆"。字字句句，针脚细密，朴实文字添得情感波澜，目睹"大痛"，心念"至乐"，大喜大悲，人生美好、世道无常尽现其间。唯有读到结尾"母亲失去了记忆，而我心中却永远珍藏着那一轮明月"，方更能理解"月光母亲"之题旨，这样一份对母亲的爱才更显其"大"与"深"。正因为用了原文，我感觉那天学生们在默默的诵读中渐渐逼近了作者内心，生出"难受"或者"伤心"，也有"永远记取童年的月光"或者"将母爱永远珍藏"之感。这才是"情怀"吧。读一篇文章，我们自然要这种真实可感的心动和欣赏，若以改动后的文字，在肤浅的意境中，说着大而无当的"启蒙"，岂能没有隔膜？

令人哑然的还有课后习题第三题："默读课文，讨论一下：作者为什么用'月光启蒙'作为课题？"到底谁是作者？本题目明明是编者硬加的，这岂非"以改传讹"？

编者肯定是有理由的，编入这篇文章着眼就在"启蒙"，母亲用民歌童谣开启了"我"的混沌之心。这么做对吗？非得从好好一篇文气贯通的美文中硬生生掐头去尾断章取义，或者是因"失忆"云云太过晃眼担心学生受刺激？这大概就是典型的"小看小孩子"了。

茅盾先生当年曾恼怒地斥责中学语文教材编委会滥改他的名文《风景谈》："你们改字改句，增字增句，多达百数十处，我不懂为何有此必要。大概你们认为文章应该怎样写，有一套规范，不合你们的规范，就得改。那么，又何必选作家的文章来做教材呢？每个作家有自己的风格。你们这种办法（随便删改，却又不明言），实在太霸道，不尊重作者的风格。"

我想，这样的做法不仅是不尊重作者，也已经是不尊重小读者了。谢大光名文《鼎湖山听泉》，入选教材后被改得面目全非，令人发噱，一读之下直怨谢大光名不副实徒有虚名。待翻出原文，目瞪口呆之下，只有对编者功力的"一腔叹服"。坏的文章，同样是改出来的，这分明是"语文教材编著者在自己欣赏自己的'改技'，并且要逼着教学的老师一同欣赏"（龚明德语）。语文备课常常要求"揣摩编者意图"，不过在文章确定过程中"编来改去"的意图从来就没有明白说过。如果只是担心儿童读不懂，那应该是画蛇添足，反而将好好的文章浅薄化、幼稚化了。何况，真要论理解的难度，这也不应成为修改的理由，丰子恺先生曾不无感慨地写下："天地间最健全的心眼，只是孩子们的所有物，世间事物的真相，只有孩子们能最明确、最完全地见到。"在教材中，选文应尽量原貌呈现，基于原著、经典，编者应少一点没有根据的瞎编乱改、天马行空，好让孩子去领略原文本身的魅力。一篇篇意味无穷的名家作品遭遇如此剪刀与糨糊，已经是将丰富的课文主题、思想、审美趣味简化、窄化，无疑是对儿童纯真心灵的戕害。

华兹华斯有诗说：

儿童是成人之父，
我希望在我的一生里，
每天都怀着天然的虔敬。

削足适履、好为人师，小看小孩子的，永远都比小孩还要小，需要"每天都怀着天然的虔敬"，好好地向儿童学习。

目前，语文教材"一本统天下"的局面有了根本改变，然而各家教材在编写体系、体例上各有追求、各有所长，但基本格局还是范文制度下的"文选型"，因此选文必须本着取法乎上的精神，选择文质兼美的典范篇章，以供学习者讽咏、研习、模仿。"取法乎上"，既包括文采方面，更包括人格方面。对于小学语文教材，选文背后的"儿童"因素万不能忽略。

在这点上周作人先生说得通透，他在《儿童的书》一文中指出："我觉得最有趣的是有那无意思之意思的作品。……因他那非教训的无意思，空灵的幻想与快活的嬉笑，比那些老成的文字更与儿童的世界接近了。我说无意思之意思，因为这无意思原自有他的作用，儿童空想正旺盛的时候，能够得到他们的要求，让他们愉快的活动，这便是最大的实益。"

童年的生长过程，从小的方面说关乎一个人的一生，从大的方面说关乎一个国家的童年成长和教育形态，以至该国家民众日后的文化素质和生存价值。《人民教育》杂志编辑赖配根先生曾撰文《让语文多一份柔软的魅力》。我想，语文要多一份柔软的魅力，首先要在教材选文上多一份柔软的魅力，让教材更多一些儿童心灵的润泽。赖先生所提另有两点："阅读课要少一点悲情、悲壮，不要让学生老觉得自己阅读想象中同情的对象是被侮辱的、被损害的，不要因此去制造学生的对立情绪、心理"；"减少简单教化的强烈冲动，把教化的还给教化，把说教的还给说教，把文学的还给文学，把审美的还给审美，文学的力量就是最强大的道德力量"。尽管这是对课堂而言，但在教材编著、研读方面同样发人深思，引人自省。

读叶圣陶编、丰子恺绘之《开明国语课本》，一篇《太阳》："太阳，太阳，你起得早。昨天晚上，你在什么地方睡觉？"极为动人，这跳跃的短句完全以孩子的视角、孩子的口吻、孩子的心理来写，由这般洞彻儿童心理的文字组合成的教材，现在几乎已看不到了。我们再也读不到"弯弯的月儿小小的船，小小的船儿两头尖。我在小小的船里坐，只看见闪闪的星星蓝蓝的天"，再也不能从这般朴素简单的韵律中念出一种纯粹的快乐来。与尼尔·波兹曼所撰后现代社会中的媒体狂欢相比，这何尝不是另一种视角下因儿童观的缺失导致的教材"童年的消逝"？

近一个世纪前，鲁迅先生有过令人震撼的"救救孩子"的呐喊，现在想来，此呐喊绝未过时。鲁迅先生曾深切寄望于年轻人，要用自己的"肩住了黑暗的闸门，放他们到宽阔光明的地方去"。如今的我们，是否还有这样的勇气与智慧，继续先生这未尽的努力呢？

做妈妈是一件很复杂的事

——《蘑菇该奖给谁》四题

一、未经省察的结论

"因为他敢和高手比呀!"就因为这个理由,当小黑兔选择了乌龟,小白兔选择了骏马时,最大的蘑菇就已经属于小白兔了。

但兔妈妈凭什么认定小白兔敢和高手比,而小黑兔不敢呢?如果小黑兔是乌龟们约过去的,而小白兔只是偶然遇到骏马,就不存在什么敢不敢的说法了。没有细致询问,没有坦诚交流,没有确凿依据,没有慎重省察,而没做的这些不正是一位母亲与孩子交往时所需要的?而且,在家庭生活中,这样丰富的语言交流本就是亲子关系得以健康发展的重要保障,用绘本大师松居直的话说,就是能用自己的声音和话语拥抱孩子,让他在温暖生动的话语中成长。

课文里兔妈妈与孩子交流了,但还远远不够,因为最重要的比赛过程没有涉及,而只凭对手是谁就草率决定了蘑菇的归属。兔妈妈的最终评判冷飕飕的,绝对不温暖、不生动。

二、孩子,你慢慢来

高手,要高到什么程度?在跑步这件事上,对乌龟来说,兔子是永远的高手;对兔子来说,骏马亦是。它们几个就算天天比赛,也不会如切如磋各有所得,因为实力差距太大,后天怎样练习都于赛无补。再怎么练,乌龟也变不成兔子,兔子也变不成骏马——他们根本就是两个世界的选手。有趣的是，若照兔妈妈的话，骏马回家后也该被马妈妈批评了：真没出息，人高马大的跟兔子比什么？

从现实意义上说，把乌龟和兔子、兔子与骏马弄在一起赛跑，对任何一方都是不公平的，就像我们现在的大班化教学，对优等生、后进生都不公平。教育必须承认天赋，如果小白兔总是找骏马练习，倒也可以说他不自量力、好高骛远，妈妈若再一味褒扬，则完全是被竞争冲昏头脑，把孩子往火坑里推。当小兔子们低着头、喘着气、无休止地奔跑，牢牢地盯住那不可知、不可测的"高手"时，生活里还能找到多少满足和幸福？

兔妈妈汲汲以求自家孩子和高手比，丝毫不去想孩子为何要和完全不成为对手的高手比，一句话，她没有给孩子的生命以最本质的关照，就只能制造悲剧。因为每个孩子的生命都是独一无二的，每个孩子的内心都有属于他自己的种子。

是的，我们需要告诉孩子们的正是：生命中最重要的使命之一就是成为你自己。任何事情，如果尽力而为了，从整个一生来说，就不会是失败的，因为它只不过是一场比赛嘛；并且别忘了再说一句："孩子你慢慢来，慢慢来。"

三、兔妈妈的权威课

你们今天谁跑得最出色？这是文中兔妈妈制定的奖励标准。

"因为他敢和高手比呀！"这是兔妈妈的奖励理由。

兔妈妈是整个事件的控制者、决定者，她以不容置疑的口吻掌控着蘑菇的归属。

想想也是，兔妈妈肯定不会让两只小兔子都得到最大的蘑菇，她必须通过甄别与评判来体现权威，于是她不由分说为孩子做了决定，此刻，母亲的权威得到了最大的宣示：一切由她说了算。

再来看看文中描述小黑兔的词语，先是"得意"，然后是得不到而

"不服气"，这些词的背后活脱脱是个站不正、坐不稳的形象，而小白兔从头到尾只是一个神态——"难为情"。比起来，小黑兔的形象更有儿童味儿：天真、顽皮，赢了便喜，对妈妈的话也有自己的想法。再看课文插图，更有意思：小白兔和妈妈长得非常像，都是美丽、端庄的好模样，而小黑兔则有些毛毛糙糙，粗腿短身，最明显的是，妈妈与小白兔都没有那么难看的大门牙，偏偏小黑兔就生了一颗。

妈妈也丝毫不掩饰自己对小白兔的喜爱。

"'我的好孩子'，兔妈妈亲了亲小白兔……"

"好孩子"、"亲了亲"，真是万般柔情！但别忘了，小黑兔就在旁边，它的郁闷可想而知。

到底谁是"好孩子"，是否应当慎言？或者进一步，为什么一定要在两个孩子之间分个好与不好？为什么不和孩子们讨论讨论到底谁该得到最大的蘑菇？

蘑菇该奖给谁？兔妈妈上了一节糟糕的示范课。

四、现实主义之一种

从童话的角度看，《蘑菇该奖给谁》不是一篇好童话，它没有给我们一篇童话所应有的勇气、热情、梦想；而如果把它当作一则现实主义小小说，它则绝对贴近当下生活，因为今天很多母亲就和兔妈妈一样，也是这么想、这么做的。

在 2005 年中国国际中小学生楚才作文竞赛中，面对"给我一点时间"的试题，3000 名五年级小学生不约而同地将妈妈写成"变色龙"、"母老虎"、"河东狮"……对此媒体一片哗然，狠狠做了一通"小学生妖魔化妈妈"的报道。对小学生来说，这么写很正常，因为他们中绝大部分人的妈妈跟兔妈妈一样，逼着他们整天培优、补课，对他们永远都那么凶，他们的时间与自由均被妈妈剥夺了。可妈妈们真的想这样吗？一位妈妈说：

"如果岳飞的妈妈在现代，就不会刺'精忠报国'，而是刺'金榜题名'了。"真实的话语，道出了真实的残酷。《蘑菇该奖给谁》里的母亲形象、亲子关系、育儿理念，就是当今教育生态的真实投影。事实上，没有谁可以轻蔑地说一声"兔妈妈，你不对"，然后再轻飘飘地给出某些答案。面对这个残酷的现实，每个人，都那么弱小。

因此，与其说《蘑菇该奖给谁》一文有缺陷，还不如直接说这是当今社会和教育的缺陷。

如果这篇课文能够引起教育者或家长对家庭教育的某些思考，想一想，我们的妈妈到底哪儿去了，我们又该如何把她找回来。这倒也许是它被收入教材而给我们带来的一个收获，这也很可能是它几乎唯一的价值。

《小鹰学飞》三题

说教主题迷思

童话结尾处，老鹰颇为自负，不再搭理小鹰，只朝头顶上指了指说："孩子，你往上看！"此时此刻，一切尽在不言中。你说你"会飞了"，但是这样吗？更高、更远处那是谁？于是，此时此刻，说教的主题就出来了："学无止境"、"山外有山"、"谦虚谨慎"……总之，气喘吁吁的小鹰还来不及回神，已经"砰"地成了反面教材——还真是教材。

当年，周作人先生在谈童话的教育作用时有一段话："盖凡欲以童话为教育者，当勿忘童话为物，亦艺术之一，其作用之范围，当比论他艺术而断之，其与教本，区以别矣。故童话者，其能在表见，所希在享受，撄激心灵，令起追求以上遂也。其余效益皆属副支，本末失正，斯昧其义。"可惜，多年以后，教材编者仍不忘"以童话为教育"，不断将"皆属副支"的道德教育推至空前的程度。表面上一篇篇生动、有趣的童话作品只是为了一个教训而已，童话作品似乎也就只是语文教材美丽外衣下的德育读本，恰如本篇，说穿了，短短几段对话，全是为了那样一个沉重而玄虚的主题。

童话的主题不是本文要讨论的，我想说的是，由《小鹰学飞》一篇大抵可以看出教材中的童话主题多注重说教，如《小松树和大松树》讲的是人不能缺乏自知之明、不能盲目骄傲自大，《蜗牛的奖杯》讲的是在荣誉面前骄傲自满就会阻碍自己进步的道理……这些童话主题明确而集中，倒是有利于学生把握文章内容，领会作者的创作意图，但无形之中却缩小了儿童的想象空间。正如佩里·诺德曼所说："为了寻找寓意，读者倾向于确认自己心中预想的观点和价值：把文本之外的观点强加给文本。这样会妨碍读者认识不同于他们自己的观点和价值。"他同时指出："如果把这个——假定所有的故事都是寓言，并把焦点放在寻找寓意上——当成获取意义的唯一策略教给孩子，将会严重地限制他们回应文学的能力。"

王富仁教授认为："语文教学对儿童来说，必须从童话开始。童话的世界和儿童的精神世界有一种天然的契合。"他说的是"童话的世界"，而不是童话的主题。事实上，童话的主题越倾向于说教，童话的味道就越淡薄，童话的世界也就越走向枯萎。

失败的飞行课

按文中思路，直到最后小鹰也没学会飞行，这是谁的责任？肯定不是小鹰的。小鹰非常用心，它一次次努力飞到"大树的上面"、"大山的上空"，直至"大树看不见了，大山也变得矮小了"，应该说它是有进步和收获的。但在此过程中，它所有的行动未曾得到过老鹰一丝一毫的鼓励与称赞，老鹰好似一位冷酷的教练，一直在"摇头"，并提出更高的目标。是的，"学无止境"，但对小鹰来说，它刚学习飞行，是不是应该得到一些指点与激励，而不应被一个个更高的目标一点点摧毁信心呢？老鹰的每一次摇头，都是对小鹰的否定与压制。小鹰达到一个新目标，就"高兴地喊起来"，老鹰却始终不为所动。到最后，小鹰已经精疲力竭，"急促地喘着气"，老鹰仍然刻薄地"向头顶上指了指"。就一个初学者而言，当小鹰抬头看到白云上那几只鹰时，它会立刻鼓起勇气，还是心生恐惧呢？这让我想起了克里希那穆提，在他看来，教育就是帮人免于恐惧。

老鹰记得学无止境，却不去想学习也需要循序渐进，此时的小鹰到底能飞多高，总得有个顶，不能强人所难、揠苗助长。苏霍姆林斯基《给教师的建议》的第一条就是"请记住：没有也不可能有抽象的学生"，教师要善于确定每一个学生此刻能够做到什么程度，老鹰真该好好学学这一条。

还有一点，老鹰教小鹰飞行时参考的标准一直是更高处的老鹰，它不是让小鹰与自己进行比照，看飞行质量或者高度有无提高。"很多人拿别人做标准，觉得自己有问题……就像我们几十年来要赶美超英，突然发现，原来美国人也想学你。""麦兜之父"谢立文在访谈中讲道。是的，我们早已习惯了将自己置于与别人的比较之中，却丝毫不考虑与别人是不是有可比性，或者与他比的到底是什么。要是此时飞翔在云天之上的都是最有经验、最强壮的鹰，要小鹰与它们比，岂止是笑话？

倘若用三维目标来观照老鹰的教学，勉强可以说它重视了"知识与能力"——尽管这一飞行能力的培养相当为难小鹰，而另外两项"过程与方法"、"情感、态度与价值观"则一星半点儿也找不到。因此，可以确定，这是一堂失败的飞行课。也很难想象，在这样的课堂上，看到小鹰这样一次次受累，二年级的孩子们还能快乐起来。对他们而言，也是这样，同为初学者，倘若在学习的起点上能得到更多照应与提点，也许就能一直走下去，学无止境也才成为可能；如果一上来就感觉学习如此骇人痛苦，说不定学习之路早早就被断送了。

真正的飞翔

细读《小鹰学飞》，会发现，老鹰不仅在教育理念上存在问题，还陷入了一种育人迷狂状态，无限拔高、追求完美。从树到山，直至更高处，小鹰一直在飞，所以它认为自己"会飞"了，也想得到一次肯定，而老鹰对"会飞"的看法明显不是这样的。它的说法如下。

"飞得只比大树高，还不算会飞。"

"飞得只比大山高，还不算会飞。"

这些都不算，那怎样才算呢？老鹰没说，它也说不出，因为山外有山，天外有天，白云上面还有老鹰在盘旋，谁知道白云上面的白云里是不是仍然如此?

小鹰之所以最后也抬不起头,根子都在老鹰心里的"算"。无论小鹰认为自己如何会飞、飞得多好,老鹰都可以"不算"。一个"算"字,其实深刻揭示了当今教育生态——教育者的专横、学习者的无奈。教育者已经不知道什么是真正意义上的学习、什么是真正的飞翔,他们已陷入"更高、更快、更强"的锦标主义。家庭教育的锦标就是超越家长心中的某个假想敌,学校教育的锦标不用说谁都明白。媒体曾披露某国家队有训练标语:"上级逼,下级逼,互相逼,自我逼。不吃苦中苦,难有大突破。不经逼中逼,难上冠军台。"老鹰的教学似乎也有这等风采,这"算不算"实质上就是"逼中逼",不过某队尚有冠军台这个目标,小鹰呢?

同样是飞翔,海鸥乔纳森的境界就不一样了,结尾处乔纳森对福来奇说了一番话。

唯一的伟大海鸥之子,我猜得对吗?你不再需要我了。你需要每天继续多多地寻找自我,那个真正的、能力无限的海鸥福来奇。他是你的老师,你需要懂得他,学习他……

别让他们散布有关我的愚蠢谣言,或者把我奉为神灵。好吗,福来奇?我是一只海鸥,我喜欢飞翔,也许……

可怜的福来奇。不要仅仅相信你眼睛看到的东西。它们所显示的极其有限。用你的悟性去看,找出你已经知道的东西,然后,你会发现飞翔的真理。

说完这番话,乔纳森就消失在茫茫天际。

每次读到这里,我都无比激动与畅快。"你们的整个身体,从翅膀的一端到另一端,都是你们的思想",并且是真正的"我喜欢"。这样的飞翔才是生命真正的起飞。而可怜的小鹰,在老鹰的"压迫"下,非但不能让身体起飞,反而会在一种虚假的、没有止境的说辞欺骗下,过早透支身体，透支生命，直到恐惧飞行，拒绝成长。为什么要飞呢？反正我飞不过那遥远的白云……

学习不是终点，而是旅程。任何一位导师或长者，需要告诉孩子们的正是：生命旅途中最重要的，就是成为自己。无论飞行还是学习，我们最不能做的，就是在一次又一次追逐中迷失自己。任何事情，如果尽力而为了，从整个一生来说，就不会是失败的。

只是不知道，在这个常识稀缺的时代，哪个人，哪一天，会告诉老鹰这个浅显的道理？在此之前，又有多少小鹰会一次次不得不接受那个不靠谱的教训呢？

"一起寻找圣诞老人" 教学赏析

两年前，读到艺术家荣念曾先生很有趣的一本书《好好学习　天天向上》，里面有一篇文章，讲出了身为导演的他的"舞台观"。他写道：

舞台本身就像一个梦，千头万绪地让参与者在有限的时间和空间里去探索一切没有边缘的东西，越放松就越看得多和远，看到的或许就是一些"可能性"。如果这样可以协助我们多些角度看自己看别人，看舞台上看舞台下的事情，或许我们在经验中实验着的正是这样一种态度。

我清楚地记得，读到这段话是在冬天的清晨，正在等进城的公交车。虽然站牌冰冷，我的心却因这段话而变得热乎乎的——他说的是舞台，我想的是课堂。

课堂何尝不是如此？尤其是语文课堂，同样应是造梦的空间，应给孩子们一个美好的"梦"，师生一起"在有限的时间和空间里去探索一切没有边缘的东西"，并且，"越放松就越看得多和远，看到的或许就是一些'可能性'"。此后，上课或者看课时，荣先生的话就在心里响着，我很希望自己和同道，作为语文人，都可以让自己的课堂、自己的舞台打破更多界限，进行更多探索，创造更多可能性。正因为此，一听说周益民老师欲以"圣诞"为话题设计课堂，就觉得他要实践的就是这样一种观念，待细细读完"一起寻找圣诞老人"教学实录，心中一阵欢呼：看哪，这造梦的空间！

<h2 style="text-align:center">一、材料</h2>

"圣诞节",多么美好的字眼。与这美好的字眼相连的,是更多美好的事物:雪花、馈赠、热情、友善、互助……这就是一个童话般的节日,周老师在这个节日里,联系洋溢着童话味道的主题,开始了课堂教学。

整节课,首先,令我由衷感到高兴且认同的正是他所选用的教学文本,或者文字材料,或者视频材料。这些材料,正是最好的童话,神奇、梦幻,又无比真挚、善良。本节课所用材料如下。

材料名称	类型
《极地特快》	电影片段
《真的有圣诞老公公吗?》	图画书
《不一样的圣诞节》	图画书
《是的,帕吉尼亚,圣诞老人是有的!》	书信
有关圣诞老人的新闻	新闻片段

这组材料中每一个都特别棒。《极地特快》这部电影改编自一本图画书——神奇的想象、梦幻的画面、完美的故事,并且,孩子与圣诞的美好联系在故事里得到呈现,只要相信圣诞老人是存在的,他就可以听到那清脆的铃响。《真的有圣诞老公公吗?》就像一首诗歌,文本清浅而流畅,在一问一答中,爸爸用幽默又机智的话语坚定不移地告诉孩子"圣诞老公公真的有"。这本图画书很有"儿童哲学"意味,内容简单,但成年人在阅读时也会被感染和打动,会提醒自己对孩子宇宙的尊重与保护,同时拾回自己消逝的内心的宇宙。我敢肯定,周老师同样也被深深打动了,因为这份材料他用了两次。

《不一样的圣诞节》讲了一个奇巧又圆满的故事,双胞胎姐妹最后都得到了自己最想要的东西。这个关于分享、关于友善的故事，其绝妙之处在于，告诉我们只要有一颗爱心，谁都可以成为圣诞老人。而这个故事，又顺理成章地引出《太阳报》编辑那封著名的书信《是的，帕吉尼亚，圣诞老人是有的!》，这封信曾经温暖、鼓舞过多少孩子啊!

——完美! 不是吗?

作为国内极有影响的儿童阅读推广人，周老师一直在课堂上实践儿童文学教学。这节课他选择的同样是上好的儿童文学作品，就连那几则新闻，也称得上有趣的儿童故事。儿童文学的阅读为孩子们提供了丰美的文学欣赏趣味，也为他们打开了一个丰富多彩的生活经验世界。这一点本课体现得尤其鲜明，这几份材料都围绕一个主题——"真的有圣诞老公公吗"组织在一起。

这个"真的有……"，早已不是一个真实与虚假的问题，它是一种儿童文化，是一种童年精神。周老师立足儿童文化，发现童年精神，以其慧眼，从众多儿童文学作品中选择上佳的文本作为教学资源。这些材料的引入"为师生开辟了更多教与学的自由空间，教师在其中可以充分发挥教学的自主性和创造性，规划、设计适合教学者和学习者的个性化的课堂教学形式"，最终，"实现儿童文学的艺术规律与教学活动的教育规律的统一"（方卫平语）。

二、结构

我一向认为，教师，特别是小学语文教师，要努力向高明的导演与编剧学习。如今的时代，资源获取本身已不是一件特别困难的事。只要关注圣诞节，以之为关键词，就可以搜到以上周老师所用的材料。考验教师的，其实是选择与安排。从那么多信息里挑出合适的，同时将它们恰当组织在一起，在一个（组）时段里呈现一个独特的课堂空间——这不就是一个导演或编剧的工作吗?

从周老师对上述材料的组织来看，毫无疑问，他就是一位高明的编剧兼导演。这节课结构非常清晰，每份材料都被用在了恰当的地方。

首先，《极地特快》将话题引出，在师生欢乐的对话里，《真的有圣诞老公公吗？》上场。第一次，周老师只是借小男孩的问题过渡。随后，将很多人从中找到圣诞老人的《不一样的圣诞节》拿出来，在讲述与回答问题中逼近话题的核心。这时候，《太阳报》的信就成为一把不可或缺的钥匙。这把钥匙打开的，更是一个普遍意义上的"圣诞节"。紧接着的几则有趣的小新闻，既是验证圣诞老人"真的有"，也像开胃小菜，让孩子们会心一乐。这时，《真的有圣诞老公公吗？》再次上场，先自己回答小男孩的问题，又回到书中，师生对读，完整对读。说是"造梦的空间"，你看，这节课孩子们所经历的就是入梦——做梦——出梦。难能可贵的是，孩子们出梦之后，其实进入了一个更真实、更美好的梦，就是周老师最后所说的："你们找到圣诞老人了吗？……我们一定要把他埋在心底，呵护好。"

真的，这不是一节"课"，这是一出"戏"。整出戏沉浸在梦幻与灵性之中，舞台就在孩子们脚下，那些材料就是他们的"道具"，他们悠游其中，打开心扉，或讲述，或诉说，或关切，或凝视，入戏已深。台上每样"道具"的切换恰是一幕场景的变换，变换之中，镜头又始终聚焦"真的有圣诞老公公吗"，于是，每一个场景中都有大量充满爱与想象力的"对白"（师生对话）。这些"对白"又推动着剧情的延展与转折，使下一场景自然呈现。一堂课，一出戏，一次精神的探险！世界知名纪录片导演小川绅介曾说："从一个镜头跳跃到另一个镜头如果不能激发人的想象力的话，就是失败的。"通观本课结构，起承转合，真正激发了孩子们一轮又一轮的蓬勃的想象力。电影是梦的艺术，周老师这堂课也在造梦，师生共同探索没有边缘的东西。它通往心灵，关乎未来，你可以清晰地看到无数可能性在舞台深处落定。是的，圣诞老人怎么会没有呢？"就像没有你这样可爱的孩子，世界不可想象一样，没有圣诞老人的世界，也是不可想象的。"

有学者曾说，语文课的意义绝不仅仅在于教给孩子某种知识和技能，更重要的是，它通过一篇篇凝聚着作家灵感、激情和思想——代表人类创造的精神财富的文字，潜移默化地影响一个人的情感、情趣和情操，影响一个人对世界的感受、思考以及表达方式，并最终积淀为精神世界中最深层、最基本的东西——价值观和人生观。周老师在这出"戏"里，选用这么精彩的文本，架构起如此精妙的教学，所珍视、所探求、所养护的，正是孩子们精神世界中最深层、最基本的东西——价值观和人生观。

三、其他

教育家、编辑家严既澄在他发表于 1921 年的《儿童文学在儿童教育上之价值》一文中写道："据我想来：人生在小学的时期内，他的内部生命，对于现世，都没有什么重要的要求，只有儿童的文学，是这时期内最不可缺的精神上的食料。因此，我以为真正的儿童教育，应当首先关注这儿童文学。"说到现在，似乎都没说到语文课，那是因为我觉得周老师这节课的儿童文学教学应用，是最好的语文课，已经超越了单纯的"学习语言文字运用"。从来都是这样，我们能够有多少工具、多少能力、多少方法去反省和解释我们的生活，我们就能够维持多么丰富、深厚以及有创意的语文教育，更何况这么有创意的语文课是以孩子们最需要的儿童文学来实施的。再加上教者的幽默、智慧与通达，只要走进这课堂，就可以看到孩子们有多喜欢。所以他们才会说周老师是他们的圣诞老人，周老师给他们上课是最好的圣诞礼物。

文学评论家李静说，文学之于世界的价值，从来不是她能够实现某种具体的社会目标，而是她能使人的灵魂更丰富、微妙和诗意，使人更能领会自由、智慧与爱的真谛。可以说，在这堂课上，听者看到了这些丰富、微妙和诗意，看到了孩子们更加领会自由、智慧与爱的真谛。而对此，感受最深的应该是课堂上的孩子们。

学者米尔斯·奥克菲在《什么是语文教学中最重要的》一文中如是说。

对于文学课程的教师来说，添置桌子或是把桌子集中摆放、购买高质量的儿童文学书籍，出版孩子们的作品，鼓励孩子们谈论书籍或是写读后感，这些都不够。……教师应该：认识到文学是帮助我们理解自我、他人和世界的工具，欣赏故事的力量——作为一种普遍的理解和沟通的方式，认识到学习开始于与个人的联系和对文本的解释。当对文本的解释得到明确鼓励时，学生的理解得以产生：允许从故事中发展出故事。儿童讲述故事来解释和延伸他或者他们从故事中构建的意义；认识到通过学生共同讨论分享故事、个人经验和特别的回忆，是最好的解释多种观点的方法；允许学生吸取别人的想法，更正、修改自己的想法，或是产生新的想法；重视通过诚恳的对话激发好奇心，鼓励学生作出假设，识别作品中获得的教训和知识；自然而然地确认、支持和扩展学生的想法，参与对话；促进质疑，与学生共同创造课程，使他们了解人性。文学的努力在开始、中途和结尾都处于事物的核心，这一点非常重要。

"这一点非常重要"，呀，说得多好！

那么，如果问我：在什么样的语文课上你见到了这非常重要的一点，能否举个例子？那我肯定会举出周老师这节课来，并且会欢呼一声："看哪，这造梦的空间！"

下 篇

读 书

第一辑　经典味道

我阅读洛克，并不是要在关于他的学问上达到完善的程度，而是"开放和安置"自己的心，回头去看，约翰·洛克这位"受过训练的学者"，"专心追求过真理的人"，确确实实震动过我，教育过我，鼓舞过我，让我的心得到开放和安置。

和洛克一起，缓缓前行

一

已经有一阵子没提洛克了。自然，我此处的洛克更多的是指那位以教育者身份出现，并写出《人类理解论》《教育漫话》《理解能力指导散论》等著作的洛克。在课程必校本、课堂已"翻转"的时代，所谓教育正在以一种义无反顾的姿态风驰电掣、勇往直前，再与人说洛克，岂止没有与时俱进，简直不合时宜。想想也是，即使那册闻名遐迩又清通好读的《教育漫话》，其中"健康教育""道德教育""知识与技能教育"的原则与意见，到现在也三百多年了，较之后起的种种，怕老早就过时了吧？——真的是这样吗？

先来看洛克的一段话："近来时常有人对我提及，说不知道如何教养其子女；大家常常有种感慨，说年轻人的堕落成为当前普遍抱怨的话题；因而有人不得不针对该问题发表一些意见……"

看上去，洛克这一个"近来……"，一直延续到了现在，现在不也还是这样吗？那时的"提及"与"抱怨"放在当下，也是贴切的。

这段话出自洛克致爱德华·克拉克先生的信札。正是克拉克对洛克的请求——请他指导自己教育子女，使得洛克与他有了数年书信往来，全面教授并交流自己的教育心得。最终，这些获赞无数的真知灼见，经洛克本人整理并正式出版，命名为"教育漫话"。

"漫话"，大概原意就在于自由表达思考，并不追求某种系统与完整。洛克自己也认为"与其说是拟供公众阅览的论文，不如说是两位朋友之间的私人谈话"，但求为克拉克的教育"尽一点绵薄之力"。可正是这些思想深刻而又无拘束的私人谈话，谈出了儿童教育的一般性原则。比如说，洛克的"漫话"开始于对儿童身体健康的关注，连"睡眠"与"排便"都纳入其中。这实在令人备感"前瞻"。要知道，在一年一度的高考日益将近的日子里，所谓 8 小时充足睡眠对于那些可怜惜的中国考生而言，实在是十分奢侈的事情。此外，"身体""健康"这一方面，据某些外国学者所言，是洛克最为持久的遗产之一。直到今天，西方儿童养育手册仍然为食物和睡眠的话题所支配。

正因为这样，《教育漫话》出版后，超越了他"绅士教育"的主题，跨越了更多时代与阶级的局限，激起了当时更多人践行教育、追求德行的渴望，从而"成为欧美乃至世界文化、教育的瑰宝"，影响极为深远。

很有可能，在教育生态与形态日益为大数据所改变的今天，再次走近约翰·洛克，从头读一读"漫话"，重温他对教育的重视与期许，尤其是他对教育力量的信念、对父母教育责任的确认等，这本身无关进步与否，而是会带人重新回到教育的起点，回到那些往往被骄傲的现代人所忽略、所轻视的某些基本问题。这样的意义，始终是无可替代的：洛克如此，卢梭如此，杜威如此；《教育漫话》如此，《爱弥儿》如此，《民主主义与教育》如此。

二

说起来，《教育漫话》给我最初的震动都不是书中内容，仅仅是他致爱德华·克拉克信中的一句话，就让那时为师不久的我深感骇然；十多年过去了，时至今日，我还牢牢记得这句话。当时，我读的还是教科社版，傅任敢先生翻译的。这封信被收为"前言"，傅先生的译文是这样的："因为教育上的错误比别的错误更不可轻犯。教育上的错误正和配错了药一样，第一次弄错了决不能借第二次、第三次去补救，它们的影响是终身刷洗不掉的。"

如今我手头的是人教社杨汉麟译本，这封信作为"附录"收在书中，杨先生的译文是这样的："因为教育上的错误较之别的错误更不可赦免。

教育上的错误正与配错了药一样，开始搞错了，决不能借助第二次或第三次去弥补，它们将携带根深蒂固的污点，通过人生的各个道口及车站。"

总之，不可轻犯，犯了，则不可赦免，就是这样。

当时，对这句话之所以有触目惊心之感，实在是因为感觉初为人师，很多方面没什么经验，就是班级管理也做得吃力，不犯错怕是不可能，那么一犯错，不就是天大的罪过？这句话固然有修辞意味，但到底还是这个理，教育之误，影响大矣。默念此句良久，想到未来与孩子们一天一天地教与学，更加惶恐与不安。虽然这之后还是一天一天教书，要说错误，也不敢说一个没犯，但至少眼里、手里常常有这句话。在从事教育的初始阶段，洛克这声当头棒喝，是难得的指路明灯。

就这句话，后来还有故事。2006 年前后，某刊物举行一个关于"错误"的教育随笔征文，我从教学日记里索得一则，是写在课堂上对学生批评不当的。在征文写作中，对洛克这句话自然是信手拈来，在文章结尾处就用上了："教育上的错误比别的错误更不可轻犯……"

隔了一阵子收到样刊，这篇小小的随笔登出来了。拿着杂志我就想，肯定不是我的文章写得怎么样，而是洛克这句话实在有力量。的确如此，一直到现在，但凡说到教育或教学里的"错误"，我总会下意识地想到洛克，想到他毫无转圜余地的断语。其实，反过来想，错误的不可洗刷，也是洛克对教育力量的坚信。如果教育者能够做适宜的教育，那么，儿童未来携带着"通过人生的各个道口及车站"的，会是什么呢？

三

在《人类理解论》中，洛克这样写道：

人心达到种种真理的步骤。——最初感官纳入一些个别的观念，以装备还是空虚的小室；人心逐渐熟悉其中某些观念，把它们保存在记忆中，并给予名称。随后，人心进一步把那些观念抽象化，逐渐学习运用概括的名词……

这一点对后来的哲学与教育均有较大影响，18 世纪法国唯物论者和以后的空想社会主义者的人类智力平等和教育万能等思想，就是从洛克的感觉论中引申出来的。学者一般认为，在《人类理解论》与《教育漫话》中，洛克倾向于"实质教育"，他认为普通教育应以获得有价值的知识为主要任务，而学习知识本身就包含着能力的培养，能力无须加以特别训练。

在《教育漫话》这册薄薄的书里，约翰·洛克并未尝试去探究"教育是什么"、"教育的目的"之类的宏观问题，甚至很少有理念化的表述，他默认了"我们日常所见到的人中，他们是行为端庄或品质邪恶，是有用或无能，十分之九都由他们的教育所决定。人与人之所以千差万别，均仰仗教育之功"。从这一点出发，他在书里或之前的书信里，明确表达的就是如何进行"绅士教育"。这是一个大前提（或者说，这就是"教育的目的"），他的任务就是"要阐明，如何才能培养出符合时代需要的有理性、有德行、有才干的绅士或者有开拓精神的事业家"。他批判了当时英国的传统教育，提倡较广泛的、切合实用的教学内容与方法，并在健康、德育和智育方面提出一系列有价值的建议，即贯穿全书的"具体意见"。

读《教育漫话》，你会惊讶于洛克的睿智与审慎。这些"具体意见"，历经时间洗礼，放在三百多年后的今天，其中多数条目仍然极具教育价值，实在太多，无须赘述。可以说，在某些方面直到现在，中国的教育还未真正做好。比如"好奇心"。

洛克在第 108 条、118 条到 122 条，总共六处提到"好奇心"。前一条讲"应小心地加以珍惜"，后面五条则专讲"怎样对待儿童的好奇心"："儿童的好奇心是一种追求知识的热望，因此应加以鼓励"，"无论儿童提出什么问题，切不可以制止或羞辱，也不可使他受到讥笑"，"通过使儿童领略新奇的事物，引发问题，并提供机会让他们自己去求得了解的方式"……而两天前刚读到北京大学考试研究院院长秦春华先生的演讲，他专讲要保护孩子们的好奇心，要鼓励孩子们提出稀奇古怪的问题，不要打击他们提问的积极性。说起来，《教育漫话》出版于 1693 年，洛克写下这些信则更早。考虑到这一点，佩服之余，更多的是羞愧。

·

四

按学者的说法，"绅士教育"中的"绅士"指的是"资产阶级化了的新贵族"，既然如此，为什么面向上流社会的教育意见会对多数普通民众均产生了巨大的推动力？我觉得，这正是约翰·洛克真正的睿智所在，也许他自始至终都是为"绅士"而讲，可是他对"绅士"品质的确定，已经指向"怎样培养真正的人"。洛克认为，"绅士"应具备的四种品质为"德行、智慧、教养和学问"。在当时的社会背景下，因阶层之分，这四点可能不能成为所有人的追求，比如洛克就说到很多"恶的仆人"，但当时代往前发展，人的教育愈加被提倡时，这四点必然会成为更多人追求的目标。比如，目前我国"学生核心素养"框架分为三大块——自主发展、社会参与、文化修养，又细分为十个指标，如道德品质、问题解决与创新、审美与人文素养、学会学习、社会责任等，这涵盖了洛克所说的四种品质。至少，这四种品质确实成就了一个"绅士"，使他成长为一个"真正的人"。对这四种品质，洛克也解读得很好。

这些名词是否有时并不代表同样的事物，或是否真的彼此互相包含，我就不想作深入的探讨了。我现在只是采用这些名词的通行用法，我假定它们已够清楚明白了，可以使我的话能为他人所理解，我希望大家不难明白我的意思。

非但"不难明白"，时间愈久，愈加清晰，愈加合乎教育之道。

至于"审慎"，我想，洛克给读者留下最深印象的就是他观察的周密与不厌其烦的分析，比如儿童的"啼哭""顽梗""榜样"，对于"惩戒"的运用等。正如有人所评论的，当面对儿童的顽梗和决意的反抗而不得不采用鞭笞的时候，洛克对于什么时候打、谁来打、怎么打，都给出了详细的建议，让人惊叹。其中有一个"连打8次"的例子，我从不曾忘记，我倒不是完全支持"在那天早上一连将女儿打了8次"的母亲，而是感叹，在洛克看来，原来父母要始终保持如此的理性，即使是在采用最不理性的教育方法的时候。

他的"绅士教育"还有一些审慎的要求，这体现了洛克对知识学习的观念，在他身后出版的《理解能力指导散论》一书中，有明确阐述。

教育的事务，如我已经注意到的，并不是使年轻人在任何一门科学上达到完善的程度，而是开放和安置他们的心，使他们在需要专心于某种科学的时候，能够很好地学习它。……我提出的不是种种知识与知识的宝藏，而是种种思维与思维的自由，是增进心的活动与能力，而不是扩大心的所有物。

这一点在《教育漫话》"教师应具备的条件及其地位与作用"一节中有所呈现，他认为"种种学问，都应教会他一点；但旨在开启一条门径，使他得以一窥里面的情形，浅尝辄止，并不要他升堂入室，安营扎寨；如果教师使学生在那里停留太久，或是钻研太深，反而会遭到责难"。洛克强调这一点，就是为了强调儿童"最应该追求的事物就是他在世上最需用、最常用的事物"，简言之，即"绅士生活"。对这一点，自然需要辩证来看，但的确如他所言，那时"一般的教师以为自己的最大任务就是将这种作家的作品去充塞儿童的课业和头脑"，倘若古罗马大哲塞涅卡看到，着实"更有理由去说：我们学习不是为了生活，而是为了学校"。遗憾的是，就教育与生活的关联而言，不管怎么说，现如今我们身边的教育，好像仍然高明不到哪里去。

五

英国学者 R. I. 阿龙在其著作《约翰·洛克》里写道：

约翰·洛克的著作体现了他那个时代的精神。在这些著作中，我们看到了一种对于人生不偏不倚的、宽容的态度，那正是 17 世纪末英国的典型特征。那种对于冷静的、一丝不苟的思考的热爱，以及对于极端趋向的小心回避，忠实地反映在每一页上。

如果只就《教育漫话》来看，这段描述实属鞭辟入里，比如在"结束语"一节末尾，洛克是这么说的：

假如有些爱护自己小宝贝的人士，意外地有勇气，关于孩子的教育问题，敢于问问自己的理性的意见，不去一味服从古老的风俗，我希望这篇文字对于他们能够有些启发。

看，洛克果然是"不偏不倚""宽容"，"对于极端趋向的小心回避"，他以一种温和又坚定的腔调，提醒每一位读者，当与他有同样的审慎与明智。对的，"明智"，阿龙的另一句正是如此：

明智是在洛克著作中随处可见的一种美德。

每一页教育"漫话"，反映出的正是洛克本人作为一名"绅士"对人生的确认——德行、智慧、教养、学问。他没有很激烈的表达，也很少有格言警句式的论述（我始终觉得，关于"错误"那句是最为"暴烈"的，斩钉截铁、不由分说），始终理性而且克制。他自己的态度，最终也构成了他的人生。谁都明白，《教育漫话》是讲教育儿童的，但就自我教育而言，它不也有着极高的参考价值？洛克说教师的重要工作是在学生身上"培养风度，培养心智；养成良好的习惯，坚守德行与智慧的原则；一点一滴地传授关于人类的观念；使学生喜爱并模仿良好的值得夸奖的行为"。谁能否认，这些重要工作根本就是教师最好的自我教育？

　　只是，对洛克的阅读仅止于以上几册教育主题突出的著作，他的政治哲学、他的"自由主义"，我未曾深入，只粗浅知道一点儿这个作为教育者形象的洛克，但是，这并不影响我对他的喜爱和尊崇。我想，如他本人所言，我阅读洛克，并不是要在关于他的学问上达到完善的程度，而是要"开放和安置"自己的心。回头去看，约翰·洛克这位"受过训练的学者"，"专心追求过真理的人"，确确实实震动过我，教育过我，鼓舞过我，让我的心得到开放和安置。所以，我愿意模仿哈珀·李说上一句，"在这样一个富足的社会里，人们有手提电脑、手机、iPad、像空房间一般的心灵"，而我，还愿意和约翰·洛克一起，在教育的道路上缓缓前行。

　　大概，这也没什么不可以。

癸巳伏日读书小札

一、向沉思生活表达的敬意

六月初八

展卷，唐诺著《世间的名字》，慢慢推进，读到《编辑》一篇，"服从生命的精灵"，依然激动人心。

下午开始读倪文锦、谢锡金主编《新编语文课程与教学论》。起初一番圈画，几近精读，寥寥数页，也不轻松，想想，还是先过一遍，稍作停留、略为思考比较好。第一章是《语文课程的哲学思考》，一、二两节读来感觉都不错，第一节将语言置为文化的背景，第二节是对"文学是语言的艺术"一句的廓清，有意味，"事实上，这句话揭示的不是语言与文学的关系，而是文学与其他艺术门类的关系"。想来，对日常语词的重新思考，当是语文教育工作者必需的工作。

六月初九

《世间的名字》上午、下午各读一篇——《神》与《哥哥》。唐诺与骆以军是好友无疑，他们文章之中句子冗长亦堪称瑜亮。昨天看《新编语文课程与教学论》，里面说"语言是文化的背景"，确实，不断自书中跳出的名字（人名与书名）与话语，也都成了唐诺的背景，从中看得出他的"文化"——总有些私人事件、私心所念、私下所言就这么明白无误、确凿无疑地出现在光天化日下。好看，好看。

数日来，除了唐诺，倒少了些文学的"熏陶"，《天使，望故乡》上回已拆开，不如取来。这一期《语文学习》里有郭初阳兄的实录与对话，是书也在他推荐之列。意外，又不意外。

六月初十

胡文辉先生在《南方周末》开了个新专栏，曰"反读书记"，7月4日一期上有一段，说他的"审美观念，或者说欣赏趣味，是传统的"，"喜欢的作品是故事性和旋律性的"，或因此之故，他"逐渐趋于低端，喜欢看电视剧（日剧、韩剧，甚至台剧）胜过看电影——因为在电视剧这种文化形态中，故事性表现得最为充分"。

读到这里，不觉莞尔，因为这两周我也正在追看堺雅人主演的《半泽直树》。精彩的日剧不唯故事讲得好，更有日本人文的体现，此处的"日本"与其说是国族之呼，不如直说是一种日本味儿的文化情态、人生形态、生活状态。半泽脑中频频闪回幼时父亲对他的嘱咐："不管做什么事，都要珍惜人与人的交往，不要做像机器人一样的工作。"于我，不也十分受教？半泽的斗志更值得学习——未来什么事都有可能发生，为什么总是抹杀自己的可能性？根子上，是缺少了自信，并且不再勤奋了？

前一段时间给女儿读古文，遇秦观《〈精骑集〉序》，盘桓心中，念念不忘。

予少时读书，一见辄能诵。暗疏之，亦不甚失。然负此自放，喜从滑稽饮酒者游。旬朔之间，把卷无几日。故虽有强记之力，而常废于不勤。

比数年来，颇发愤自惩艾，悔前所为；而聪明衰耗，殆不如曩时十一二。每阅一事，必寻绎数终，掩卷茫然，辄复不省。故虽有勤劳之苦，而常废于善忘。

嗟夫！败吾业者，常此二物也。

六月十一

下午在校，收到小李寄来的台湾王政忠老师的著作《老师，你会不会回来》。单读书名，心头一阵战栗。全书收束于多年前的学生与王老师重逢，学生惊讶于他还在乡下做老师。

"没想到，老师您还在！"

"对啊！"我摘下墨镜，微微地笑着再说一次，"我还在，一直都在，不曾离开！"

好老师，都是这样的，兴衰荣辱不问，念兹在兹只为教育一事，"一直都在，不曾离开"，就像周志文先生所说："当整个世界都沉沦了，教育应该是还浮在水面的一座岛屿，它是最后的一座基地。它的存在，表示人类还有一丝得救的希望，如果它也消失了，人类就真正一无所有了。"（《记忆之塔》）

六月十二

第 26 期《三联生活周刊》继续大学之旅，这一期是哈佛，题曰"哈佛大学：从绅士到精英"，肩题为"追求真理或行道于邦"。之前没看，7月1号的，在手上快一个月了，昨天翻出来带着，"哈佛"——早已不是一个人名，早已不是一个校名，这是一种文化、一种生命的趋向、一种生活的可能，借用阿兰·布鲁姆的话来说，那是"一个最沉溺于实际生活的民族向沉思生活表达的敬意"。

六月十四

随手翻开龙榆生先生的《唐宋名家词选》，书中苏轼词选了 42 首。

忽而惊觉，前数日站在上海博物馆苏轼手书前，却不曾多望，是多么愚蠢。东坡居士，书里的名字，赫赫的名字，遥远的名字，而近在咫尺的那幅字就是活生生的他的活生生的手书，活生生地悼念一位曾活生生的友人。

于苏轼，咫尺，生死；于我，咫尺，千年。

总有些时刻，让我深深觉察时间的存在与力量。

二、石头答应开花的时候

六月十六

学兄俊阳校长约几个朋友小聚，特别说起当年在师范读书时对我影响极大的学兄光华先生会到场。

傍晚时俊阳兄先带我们到光华兄正在筹备的厂区。到他办公室门前，被他接引进去，听着俊阳说出我的名字，光华兄旋即回返："啊呀，16 年没见了！"甫落座，他便提起："这么多年我一直在关注你，去年在北京参加国际研讨会对不对？上周刚刚在《兴化日报》上发表一篇散文对不对？"

都对，都对！

聊得几句，大家忆起"浅草"旧事，当年是我刊发了他的《回乡小记》。这是光华兄平生头一回公开发表文章，模仿了郁达夫的《沉沦》。我已忘了这事儿，他一提，只有些许印象。他很肯定地说工作后打过电话给我。想了半天，我问是不是兵传兄也在旁边。他想了想说没有，应该更早。2002 年？我实在想不出来了。看他模样，依稀旧时光。他中师毕业——与香港回归同年——再读两年大专，毕业后奔一所初中教书三年，之后往上海做律师，一做八年，去年八月回乡创业。喝着茶——他书生报国，不褪风雅，置办了一套茶道器具，边看他熟练地一道一道给我们演示，边絮叨些陈年往事。久违的自在，像壶里的茶叶，从干硬到洇湿到舒展，而那些沉淀在岁月深处的已过已往，从容升起，缓缓坠下。

见了学兄，想到自己读书时的一些经历。在师范，头一回公开演讲，话题之所以选择林语堂著《中国人》（《吾国与吾民》），就是受他影响。师范第二年整一年，与他交往尤为密切。另有兵传学兄，三个人常常晚自习后回宿舍，在墙外路灯下激烈交谈。我一念愤怒一念文艺地纠结，似也自其时萌发。

袁学兄心内服膺者毛润之、拿破仑，讲起来是滔滔不绝。他之所以选读师范可不像我等只是为了户口或分配，一半原因就是润之先生。润之先生是师范毕业的，故而他欲重走润之之路。

他身上是很有些异人之气的。

晚上吃饭的时候，学兄又讲了前数年决定从商的心路，虽然未曾从政，但做好一个企业，也是一个了不起的创建，而在企业做好后，还可以有更多可能。虽则如此，听他讲话，文人气还在。这么多年过去了，面对学兄，我最为惭愧的就是一直没有强烈的企图心与目标意识。这一点，回头望去，仿佛天成，未免悲哀。

六月十七

自《三联生活周刊》（7 月 22 日）"书与人"专栏得知，《心的岁月：策兰、巴赫曼书信集》中文版已出。

我们在窗边拥抱，人们从街上望我们，/是时候了他们知道！/是石头答应开花的时候，/是心脏跳动不安的时候。/是它，成为时间的……时候了。

这是保罗·策兰为英格褒·巴赫曼生日所作《花冠》一诗的结尾部分。

结束阅读《世间的名字》。唐诺写得绵密，区区读得绵延，到得此时此地，"《术士》《同学与家人》《小说家》"，颇有力竭之感，只能草草。

末一篇里有段话，说的是时代的变幻、世态的变迁，仿佛也是说给课堂中的每个人——教师，学生；你，还有我。

想弄清楚究竟发生了什么事，你就需要比事件中人更久的时间，在所有人离开之后你还徘徊不走，在所有人遗忘或不堪回首后你还牢记；而且，比较容易忽略的是，你还需要比事件中人更多知识，帮你击破、穿透事件特殊性、个别性的坚硬外壳，认出来我们的经历原是人类整体经验的哪一部分、哪一角、哪一句话、哪一种特殊变奏——不仅仅是因为台北的这趟现代化经历，本来就包含着浓厚的知识成分，它同时也是我们一趟一趟启蒙之旅；而且你只有把它们再置放回人类的总体经验里，我们才可能找到直向的历史线索和横向的比对样品，较正确较完整地看出来我们究竟做了什么。

六月十八

《我的母语课》第三卷丁兄选文，出自张田若、郭惜珍编《文言文自学读本图解》（第一册）。很有意思。一番检索，在孔夫子旧书网姐姐书店订下。书价只二元，寄送选择快递，共汇去十元。

傍晚，发信息给慈矿兄，往复如下。

慈矿兄好，久未遇到，别来无恙！过些天女儿就读小学了，近来自己一直在挑文言材料编个小册子给她念念。昨见兄母语课第三卷之选文出处《文言文自学读本图解》，检索后深以为好，刚刚在孔夫子旧书网订了一册，多谢兄台引路！若兄还有好的材料推荐，请一定告知啊。暑安，夏吉！

冷玉斌：你好！《文言文自学读本图解》是张田若先生20世纪80年代编选的，全套共有三册，作为文言入门读物极好。另，张中行先生编过一套《文言文选读》，系为80年代中学生编选，选文、注释、编排堪称一流，三十年过去，坊间文言读物未见可以比肩者，孔夫子旧书网时有出售，价低时可入。酷暑炎炎，多多保重！

三、一种热爱生活的方式

六月十九

上午开始写《教师月刊》"海外"栏目的约稿。因为写到学校存在的目的与责任，于是找出博耶的《关于美国教育改革的演讲》（在北京育英学校，CFI小学校长演讲时也提到了博耶的观点）。翻翻前面几篇，仍然感觉好看，讲得太好了，看来，应该再读一回。

第一篇《准备学习：国家的指令》里录有祈祷文一则。

主啊，我们为那些喜欢逗乐、爱在晚饭前偷吃棒冰、经常不知道自己的鞋子放在哪里的孩子祈祷。我们也为那些没有新旅游鞋可穿、没有甜点心可吃、没有房间可收拾、没有相片可欣赏的孩子祈祷。主啊，我们为那些在周二之前就把一周的零花钱花光、在食品店里发脾气、吃东西挑肥拣瘦、在教堂和寺庙里坐立不安、在电话里尖叫的孩子祈祷。我们也为那些大白天做噩梦、很少去医院、从不看牙医、没有别人宠、饿着肚子上床边哭边睡着的孩子祈祷。我们祈祷孩子们得到足够的爱，我们更要祈祷孩子们得到好心人的帮助。

教育的信仰，莫过如此。

六月廿一

又一次读完《关于美国教育改革的演讲》。

《译者前言》里说"他的不少著作被认为在美国教育改革工作中具有里程碑的意义，并在很大程度上影响了美国的教育政策"，回想在北京观摩的"美国课堂"，发现今天美国校长与老师所做的，正是当年博耶先生一再倡议并推动的。

博耶将基础学校所有学习内容融合于一种课程，此课程分为八大综合性主题：生命周期、语言（符号的使用）、群体中的成员、时空概念、审美观、生产与消费、人与自然的联系、有目的地生活。对此，我相当认同。

第九篇《形成联系》具体阐述了他的观点，他说："我们到底应该教给学生什么东西呢？成为一个受过教育的人到底意味着什么呢？一个受过教育的人显得见多识广，能够继续学习。但是，真正的受过教育的人，意味着他能够超越割裂的事实，在更广阔的背景中进行学习，更重要的是，意味着发现事物之间的联系。"

这么说起来，乔布斯也是博耶的同道人啊，他说过："创造力就是连接。如果你问一个很有创造力的人他是怎么做到某件事的，他会觉得很不好意思，因为他并没有做什么，他只是看到而已，感觉到自己所走的方向，前方自然变得明朗起来。因为他能连接生命中的各种体验，然后把它们组合成一种新的东西。他们之所以能这么做，是因为他们有更多的经验，或者他们对自己的经验思考得更多。"

这本书以后要常读，将博耶先生的精神吃透。

下午读完萨瓦特尔的《教育的价值》，萨氏最为人知的作品是《哲学的邀请》与《伦理学的邀请》。在这本书里，萨瓦特尔很直白地对当下教育给以追问和批判，并着重于"价值"层面的叙说。他说，书名中的"价值"有两层含义：教育是有益的、很重要的和有效的，却也是一种勇者之为，是人类迈出的勇敢的一步。换句话说，书里正是讲其"有益、重要、有效"，更多的是何以为"勇者之为"。我怀疑是不是翻译的原因，读得比较吃力。书里有个附录，是萨瓦特尔节选的他认为正确的"杰出教育思想家的作品"，很值得一读。事实上，不止附录，书本身就借用了很多类似话语，予人启迪。像金兹堡的一句，引用了她在《小的美德》中的话，每种职业/使命感，都是一种热爱生活的方式，都是一种武器，一种可以帮助人抵御或抗击对生活苦难的担心的武器。真是金句，与日本建筑学家安藤忠雄所讲的，如出一辙。

六月廿二

外出，随身带着杨照的《故事照亮未来：通往开放社会的 100 个观念》，拖拉着几个月没读完。没想到在读完《世间的名字》后，只用这一天的边角时间，就迅速翻完全书，这么迅捷地就可以进入。嗯，说起来，这本书其实是小规模、快节奏的"世间的名字"？（书里也提到唐诺的著作）

书中《政治信仰：信仰与现实的平衡》一篇，结尾极好，说的是政治，想的是我们每个生活着的人："信仰一个高远理想，却又明白理想不可能一步达成的人。他知道从这里到理想那端，路很长、很曲折，他愿意有耐心地规划一步步的路线，又能不时抬起头来，确认理想的方向，不会遗忘理想，更不会放弃理想。"

四、用爱和想象力去经营

六月廿三

开始读阿利埃斯的《儿童的世纪：旧制度下的儿童和家庭生活》。

"如果生活再来一次，我会多读诗，多听音乐，至少每周一次。这些趣味的缺失会让幸福感缺失，还有害于心智与品行。"录自达尔文致友人的信。

六月廿四

《三联生活周刊》第 29 期所做的"职业倦怠症"专题，提供了消除职业倦怠的 10 个小贴士：创造新的挑战、换一个工作、和有趣的人一起工作、清理工作空间、发展一个爱好、提高你的技能、换一个计算机桌面、给自己放一两天假、给心爱的人打个电话、增加自己的财富。

上午读完——准确地说是翻完《儿童的世纪》，关于童年（西方）的历史纵深，大量的细部的考察，一个又一个纷至沓来的历史现场。《小小游戏史》一章，特别好玩，里面有一部分讲童书，可以与《读库1301》中《童书的黎明》一文对读、印证。

——说到童书，唉，想找一本好的文言童书或读本或选本都难得很，想选编一册，挑出来发现都是"学问""为人"之类往大处去的。古代中国人在"儿童的发现"这一块，着实后知后觉。民国时的语文教材，用到现在，也发现问题不少。

六月廿五

札记一般早上开个头，傍晚将白天的一些笔记或圈画记上去。总有些东西会留下来。只是，"你不应该担心自己没写东西。也许有人在我们内心写着更为重要的东西"，这是在《世界文学》里读到的波兰女诗人卡明斯卡的札记一则。她还说：

"在爱你的人眼里，年老不算什么。之所以如此，是因为爱乃是在内心的最深处寻找我们的身份——那个不变的自我。

"关于对别人的爱，我们已说得太多，并且爱用大词。有时只消一点专注——满怀敬意地看上邻居一眼——就够了。专注，是西蒙娜·薇依最喜欢的词，包括意志与理性，避免了与爱随行的滥情和虚伪。"

《三联生活周刊》这一回（第 30 期）"好消息·坏消息"栏目，有一则坏消息。虽然是坏消息，却很有趣。说是泥土中的蚯蚓处于被甲虫骚扰猎捕、朝不保夕的惊恐状态下，与其共生的植物可以生长得更好，因为这时候蚯蚓就会钻入更深的土层，从而将养料和水分带到地下，这会给植物带来额外的益处。而没有这些天敌，蚯蚓往往就倾向于待在土壤表层，对土质的改良作用也就有限。这是中国科学院成都生物研究所的研究小组提交的报告。

我是觉得，这样的研究过程比结论更有趣，想象一下那些"朝不保夕""惊恐不已"的蚯蚓吧。哈哈。

六月廿六

往学校，随身带着《抒情诗的呼吸：一九二六年书信》，工作前，拆开，读了英译本序，感觉特别精彩，文字里有相当特别的味道——饱满、迅速、硬朗，读完看到署名——"苏珊·桑塔格"。原来如此！

不得不说——我大抵还是有这样的自信的——阅读背景与知识结构的原因。"我认为，从本质上讲，语言教学是关于纯真的教学，任何语言课必须是伦理课，因为没有诚实的交际是生活中最具危险性和破坏性的一种武器。"（欧内斯特·L·博耶）

六月廿七

谭儿将卧，指灯而言曰："汝夜夜照我读书，其我之好友乎。时已晚，汝、我皆宜休息矣。"乃熄灯而睡。

此文乃《共和国教科书·新国文》第三册第四十四课《灯》。

读来读去，字面意味之外，总有读书人的笨拙与天真。我喜欢，也愿意。

只是，书中冯儿、杨儿、朱儿、杜儿、梁儿、谭儿（均为课文主人公）以至"群儿"，诸般行状，皆大人面目。中国孩子没有童年，其来有自。

很好奇，彼时周作人先生若动手编一部国文教材，不晓得会是何种模样。

六月廿八

什么是灵感？

在思考教学实践时，也会遇到这个问题。

大体而言，灵感不是诗人或艺术家的专属特权；现在、过去和以后，灵感总会去造访某一群人——那些自觉性选择自己的职业并且用爱和想象力去经营工作的人。这或许包括医生、老师、园丁——还可以列举出上百项行业。只要他们能够不断地发现新的挑战，他们的工作便是一趟永无终止的冒险。困难和挫败绝对压不扁他们的好奇心，一大堆新的疑问会自他们解决过的问题中产生。不论灵感是什么，它衍生自接连不断的"我不知道"。

这是波兰女诗人辛波斯卡的回答，录自她 1996 年获得诺贝尔文学奖时的演讲词《诗人与世界》。

关于教学，我有很多很多"我不知道"，怎么还没生出更多灵感？

六月廿九

"人或许一代接一代在地上存活，但每一次诞生都是积极而最后的一回。"（切斯特顿）在《回到正统》里读到这一句，仿佛有一点儿感伤。

"在大地上我们只过一生。"（叶赛宁）

五、在你生命美丽的时候

七月初一

张枣的《〈野草〉讲义》很好看，是一位诗人对另一位被严重忽视的诗人的发现。

全篇最末一句："诸位阅读文学要带着自己进入，带着自己的心智、知识敏感度、情感，在任何角度进入，这是形成批评的重要突破口，阐释不会终结。"

提出一个关于阐释的原则与结论，讲述此讲义的核心诉求，告知他人此核心诉求的依托与源头。阅读的核心、阐释的本质，是什么？

"我们要永远反抗一种权威化的、意识形态化的对文学的阐释。因为那样我们没有真正读到我们自己，一个文本永远都是对我们敞开心智的。这就是文学的意义，这就是我们作为未来文学工作者、文学批评家和文学阐释者最终要阐释的意义，这就是你所能给一个文本的意义的全部。"

七月初二

我到了新西兰一个小岛上，把身体交给了劳动。四年之后，有一天，我忽然看见黑色的鸟停在月亮里，树上的花早就开了，红花已经落了满地。这时候我才感到我从文化中间、文字中间走了出来。万物清清楚楚地呈现在你的心里，一阵风吹过，鸟就开始叫了，树就开始响了。这个时候我明白了一个道理：只有在你生命美丽的时候，世界才是美丽的。

——顾城

想到《呼兰河传》里的某些段落。那是萧红生命美丽的时候。世界不在了她都记得。

生命美丽的时候，我们不要错过，我们一直记着。

七月初三

张大春在《认得几个字》里这样说道："重要的是，你和你的孩子能不能一顿饭吃两个钟头，无话不谈。而且，就从他想学说话的时候开始。"

常常引用，而引用之后，往往会引得听者咋舌，抑或不屑，一句话，可操作性几乎为零。是这样吗？虽然我也无法经常做到，但这句话本身所包含的亲子互动，总归是没有错的！

想不到在杨孟瑜采访撰稿的《回归身体》里竟然有这句话的后续，第七课主题为"亲密"，有一篇是《一家人的亲密连结》，所举第二户人家，哈，就是张大春家。在访谈中，张大春更细致地谈论了他们家的"说话"——"能力的建立""情趣的建立"。说得特别好，尤其是"情趣的建立"，"包括了情感、信任、依靠，甚至是情绪的理解"。张大春说："我们对自己的理解，以及我们对自己所爱的人的理解，是需要透过种种'材料'的折射、客观知识的投射，来串联和建立的。"是啊，唐诺说"我们都是由我们的一生构成的"，我们不就是我们一生的"材料"？

唉，真是的，对大头春简直没辙，他说什么我信什么，观念哪，说话啊，做法啊，什么都赞同。

对那些说"没时间""没口才"、没谈话材料的，张大春一语挑明，这完全是"父母本身缺乏学习，缺乏对知识的好奇与浸润"，"很多家长自己不读书，却只关切要如何让孩子更强；他们怪学校教育、怪社会，却从来不怪自己早就不是学习的人"。说得好！

七月初五

匆匆一日，翻完《中国现代语文教育史》（李杏保、顾黄初著）。

是书第二章里提到吴研因先生，1923 年公布的《新学制课程标准纲要小学国语课程纲要》即由他拟订，纲要"主旨"为："练习运用通常的语言文字；并涵养感情、德性；启发想象、思想；引起读书趣味；建立进修高深文字的良好基础；养成能达己意的发表能力。"

"海豚学园"有张心科辑《吴研因论儿童文学教育》在内，但好像到现在还没问世。

七月初六

周克希先生所著《译边草》，真是好书，原文与译文的推敲，不同版本译文的对比，都是上好的语文"实践活动"，"有痛快之感"。

《他山之石——译制片》一篇真好。上海电影译制厂的老译制片，也应是语文老师学习的富矿。

七夕

《三联生活周刊》第747期《希阿荣博堪布：浮躁时代，唯有寂静调柔的心让人真正信服》：

事实上，事物包括我们自己在内都是无常的，没有什么能真正被保有，因而我们的抗拒、担忧乃至种种极端的情绪只是增加不必要的苦恼。如果能改变态度、澄清误解，那么，不仅我们对世界的认识会更准确、完整，更重要的是，我们将因此而更快乐、更自在地生活。

从积极的方面看，因为无常，一切才有改善的可能。无论我们现在多么无知、狭隘、混乱，只要按正确的方法努力去做，就有可能克服局限，为自他带来切实的帮助和安乐。什么是正确的方法？最基本的就是正确地取舍因果。因果是现象自然的规律，普通人由于局限，只能看到因果的无尽相续中某个片段，所以对因果的判断常常是不对的。

每个人的生命都或远或近地是其他人、其他众生生命的一部分，所以你的苦也是我的苦，你的局限也是我的局限，而我的愿、我的修行、我的清净善业也指向你的安乐清凉。

六、死并非生的对立面

七月初八

重读《孩子的宇宙》，又看到了一些关于"死亡"的说法，《教育的今天》里有一节：

直截了当地说，在终身教育的视角中，如果没有"死亡"，有时甚至会是有害的。弄得不好，也许会在老人中——就像现在的孩子们一样——形成一批"后进生"。如果光是从增加了多少知识或技能出发，不去考虑人的成熟究竟是什么，终身教育是非常危险的。换句话说，只有不仅考虑"怎样生活"，也考虑"怎样死亡"，才能称为终身教育。而"怎样死亡"这个课题，其实自从人诞生以来就一直伴随左右。

想起了什么？

没错，村上春树的《挪威的森林》。

真是有默契的两个人啊。难怪会有那么一次天作之合般的"完整而尽兴的对谈"（《村上春树，去见河合隼雄》）。村上说："对于生来不善言辞的我来说真是非常稀罕的事，甚至可以说是奇迹。"

很显然，之后的《1Q84》，整个故事中有很多河合先生的影子。

七月初九

河合隼雄先生说"参与"：

在荣格研究所，我学到了这样的姿态：参与，但不像人们一般想象的那样，"我什么都帮你做""我会为了你而努力"。从外表上看，真像是"不干预、不参与"，但实际上是"静静地在深处参与"。

说得太好了。

由《台港文学选刊》8月号得知，张大春7月新刊《大唐李白》（第一卷）。选刊今年改版了，华美而价昂，到今天只收到一两册，问邮局邮局也不知所以。没办法，到淘宝上看，竟也没有过刊卖，到底是又小众又冷门的杂志，还"文学"！

七月初十

河合隼雄先生说：

现在的年轻人究竟该干些什么呢？作为一个样板，可以参考一下村上做的事情。不是针对"体制"完全对着干的"反叛"，而是"在什么也没有的地方，靠着自己的双手想开拓出一条路来，那就不得不花大力气去构筑自己的文学风格、生活风格"。从这里，才有可能孕育出新生事物。否则，仅仅是参与些图解式的、硬想出来的"反抗"，不过是脑子里的空想，顶多像纸捻儿的小火花一样，热度持续不了五分钟。

这是我的态度：怀抱着矛盾，不急不躁，寻找实际的解决方法，坚持走下去，决不放弃对矛盾的追究。持续地思考矛盾的存在、矛盾的状况、消除矛盾的方法，并将其语言化。只是，万不可急躁。在这个过程中，最初作为矛盾所把握的现象，用不同的透视、在不同自由度的空间中，矛盾会改观，变成一种不是矛盾的姿态。我们要等待，等待这个。

我这个人呢，为一个人的事情竭尽全力的时候，很自然会联想到世界与个人的关系。其实到最后病得很重的人怀抱的都是这个世界的病。

所以我就开始对着社会说话了。但是我发言的基础都是个人的。没有什么统计，也不会盯着世界的局势，我的发言都是从个人的事情开始说起的。

——受教了，先生。

七、活进了答案之中

七月十一

张大春与吴明益对谈，吴明益一上来就大讲了一段。

有一年我看到你写的一篇文章批评小说奖，后来你也说不再担任文学奖评审，但那篇文章里面提到在当文学奖评审的生涯里，还好读到几个人的作品，让当评审这件事变得有意义。他们是王小波、黄国峻、袁哲生和贺景滨；其中王小波因为文学奖才开始被看见，他当时在两岸都是一个被埋没的小说家。我在读王小波的作品时，他提到一件事，想要从翻译的文学作品里面重整汉语的节奏，这会不会刚好跟你现在写的小说是相反的？(《东方早报·上海书评》)

在张大春博客上读了《大唐李白》的片段，还有再之前的"春、夏、秋"，倒也有此一念，不过我想到的不是王小波，而是薛忆沩。
张大春答得太好了。

如果从他原先的立论说起的话，我倒觉得不能叫相反而是"殊途"，但能不能"同归"我不知道。在我们一般写作的语言里面，不论我们是不是根据罗曼史，或伟大西方经典、中国古代说部，不管你的来历是哪些，它都不是我们常用的语言。所以有的时候，透过不同的接口去进入那个原先受的教养里面所没有的叙述世界，它就会显得生猛有力。

"殊途"，是不是"同归"呢？张大春说他"对历史是有一个特别的感触：假如你给我足够多的生活细节证据，我就可以拼凑出这个历史的某一个现场，并且还原它"。——如果将《白求恩的孩子们》中这一段引来，还真有些辩证的统一。

亲爱的白求恩大夫，我不可能完全按照时间的顺序来再现过去。我想告诉你的所有那些事情现在只是我记忆中的碎片，其中一些甚至是时间标志都已经模糊的碎片，就像那些年代久远的墓碑。我只能将它们以这种碎片的形式呈现出来。而你是杰出的外科医生，我想你应该知道怎样去缝合这些碎片，怎样将它们缝合成我的生活、我们的生活。我却没有这种缝合的才能。我没有能够完成你的传记。我无法将你留下的那些零散的档案缝合成你的"真实"的生活。

张大春说，"事实上《大唐李白》就是这个尝试，你怎么读都觉得好像是非常通俗的学术论文，或者是想通俗却不够通俗的"，那当然就是他一手缝合的大唐李白的"真实"的生活。真是特别期待简体版痛快到来啊。

七月十二

对谈中，吴明益提到了张大春的一次"示范课"。

对着一群校长演讲，用了韩翃的《寒食》来做一个讲课的示范：这诗既可谈韩翃和妻子柳氏的聚散离合，也谈诗如何粉饰唐德宗的形象，再谈及安史之乱的时代背景。到最后把寒食节的典故，一般被认为错误的部分都说了明白。

课后，一位校长如此质疑："有老师真的能在第一线的教育现场这样说故事吗？"

两天读完叶先生的《风景旧曾谙：叶嘉莹谈诗论词》，好久前开了头，没读进去，读了张大春与吴明益的对谈，突然起了兴致，一口气读下来。"谈诗论词"，文字美好，妙不可言。

第三讲《诗歌吟诵的古老传统》里有这么一段。

如果你面对着纸张和文字，甚至于你还准备了很多辞书字典，你可以一个字一个字地拼凑出合乎格律的平仄和押韵，但你无法给诗以气势，给诗以韵味，给诗以兴发感动的生命。

而与吴对谈时，张大春就提到自己仿杜甫的"吴体"。

是标准的七律，可是就是不合。我模仿了好几次，每一次都像打谱一样。他平我就平、他上我就上、他去我就去、他入我就入，我仍然不能体会那个美感在哪里，可能真的需要方言，可是我不懂当时的方言，现在的方言也无法去贯串。有意思。

《风景旧曾谙》属"中国文化讲座"丛书之一，主编郑培凯先生有总序，其中一处讲他在香港城市大学创办中国文化中心，制订课程规划，利用学校条件发展出一种新的教学模式：（一）通过网络教学提供学习材料；（二）课堂小班辅导确定学习效果；（三）举办专题文化讲座及艺术示范讲座，把著名学者和艺术家"请进来"；（四）通过实地文化考察，把学生"带出去"。

呵，完全可以"拿来主义"，即学即用。

昨见张大春提到黄国峻，于是翻拣旧刊，原来《台港文学选刊》2003

年 10 月号正是"纪念小辑",首篇是黄春明的纪念文字《我知道你还在家里》,文章写于当年 6 月 26 日,黄自缢身亡后六日。然后是几位作家的短文,"实时悼祭",有骆以军、杨照、成英姝、张蕙菁等。张蕙菁的《身体还好吗?》,一字不提黄的小说成就,只说了她与黄的交往,文题正是与黄见面时通常的问候。克制的文字,别是动人,她引了里尔克:

别现在就寻找答案,现在还不能给你答案,因为你还无法活出它们。重点是,活出每一件事。现在就去活你的问题。然后也许你会不知不觉地,朝向遥远的某一天,活进了答案之中。

七月十三

什么是"活进了答案之中",或者说,在我们这个时代,该如何去活?又该如何去死?

午后重读《记忆之塔》,"幽人"周志文先生《在我们的时代》里的一段话,提供了一个参考,不如引录在此,为这伏日的阅读作结,也为这过于零乱的小札画上一个不是终点的句点。

什么是一个真正的文化人?尤其在我们的时代。他必须认真地选择自己的价值,选定后就朝着这个方向走,所谓"虽千万人,吾往矣"。少说话,最好是默默无言。这是我为什么艳羡那些善于独处的人,他们在另一个世界找到了生命的中心,自信又从容地走自己的路。在我们的时代,世界有好的一面,也有很坏的一面,不能一概而论,很多事真如尼克父亲说的:"要看状况而定。"天气时阴时晴,乍暖还凉,路是有的,但很崎岖,目标也很遥远,还是值得走下去。"天寒翠袖薄,日暮倚修竹",让我们三复斯言。

新春做伴好读书

2015年寒假来得有点儿晚，2月10号才算开始，自家阅读来得更晚，10号之后接着参加两项研修，听讲座、做研讨、编简报。真正翻开书来，已经正月里来是新年。

正月初一

放假前接了一项任务，下学期要与一些中学生朋友聊读书，所以，这个寒假的阅读首先是对"阅读"的阅读。张新颖先生薄薄的《读书这么好的事》又被翻出来，我一直觉得，如果要给中学生找一本关于读书这件事的美好读物，这一册乃必选。张先生在后来的版本中有一段"致敬"。

这本小书篇幅不大，按比例来说，引用的文字却不算少。我想，这不仅仅是一种写作方式，一种在已经存在的书中、从其他人那里寻找自己的认同的情趣；比这种情趣更重要的，是一种致敬的方式：向读的书，向那些书的作者致敬。

接下任务需要备课时，立即想到这本小书，张先生话题组织得好，引文安排得妥帖，总是恰到好处，多回重读，"芳草鲜美，落英缤纷"，心之所念，无他，"读书这么好的事"。要是能像他这样，让中学生在我的讲述中感受到读书的情趣，并且认识到读书本身就是与书对话，与作者对话，与更多书后的读者对话，把种子留在身上，功莫大焉。说起来，张先生是我极佩服极喜欢的学者，《沈从文的后半生：一九四八——一九八八》去年暑假购得，一气读完，感慨万千。他的著作，往往都能"给我狭窄的心／一个大的宇宙"。适此新春，向张先生致敬！

这天早上，引宋人毛滂词《玉楼春·己卯岁元日》予友朋贺年。

一年滴尽莲花漏，碧井酴酥沉冻酒。晓寒料峭尚欺人，春态苗条先到柳。

佳人重劝千长寿，柏叶椒花芬翠袖。醉乡深处少相知，只与东君偏故旧。

手边功课尚有郝明义的《越读者》、唐诺的《阅读的故事》《读者时代》……均为重读，正是"醉乡深处少相知，只与东君偏故旧"。善哉，善哉。

正月初二

年前参加培训，导师推荐阅读《中国古代语文教育史》一书。初二这天，正翻到书末《教童子法》一节，于是找出电脑里的《教童子法》一文。该篇为清人王筠指导小学识字、写字、读书、作文、作诗方法的论文，确实有很多通达之处，对当下语文教育教学仍有指导意义。拈一则谈作文指导的：

作诗文必须放，放之如野马，蹄跳咆嗥，不受羁绊，久之必自厌而收束矣。此时加以衔辔，必俯首乐从。且弟子将脱换时，其文必变而不佳，此时必不可督责之。但涵养诱掖，待其自化，则文境必大进。

作文要知道"脱换"的道理，要学会"脱换"的方法，很有见地，今天的作文教学还是很可以借鉴的。

《教童子法》最难能可贵处，是在那个时代就明确提出"学生是人"，亦强调因材施教。

教弟子如植木，但培养浇灌之，令其参天蔽日，其大木可为栋梁，即其小枝，亦可为小器具。今之教者，欲其为几也，即曲折其木以为几，不知器是做成的，不是生成底。迨其生机不遂，而夭阏以至枯槁，乃犹执夏楚而命之曰："是弃材也，非教之罪也。"呜呼，其果无罪耶?!

这一番话，难道不值得我们咀嚼且警醒？

还有"连号法""步步着实""约取实得""必须使有空闲"等说法，都是很有效的语文教学（学习）法，难怪时人谓王筠"不得不为善教者"。而今人欲求善教，还是应该向古人多请教。读到这里想起上学期末所读左方先生《钢铁是怎样炼不成的》一书，里面提到他向黄文俞先生请教报纸该如何改版，黄先生答曰："你倒回去就行了嘛。""倒回到（20 世纪）30年代新闻进步传统中去。我们中国本来有很优秀的新闻传统……你的任务是要跟我们中国原来的新闻传统接轨。"

捧着厚厚一册《中国古代语文教育史》，心想，"观今宜鉴古"，不唯办报，语文教育也应有这样的意识与行动，倒回去看一看，想一想，学一学。

正月初三

想到《钢铁是怎样炼不成的》，干脆拣出来重读。

左先生晚年回忆在北大读书的经历，一再说自己受到了"良好的教育"，尤其是几位大师的教学，深深留存在他的心里。

冯友兰先生和朱光潜先生他们两人的授课方法很有特点。冯友兰先生发给我们讲义，他在讲堂上是慢条斯理在那里读讲义。读了若干段后他就离开讲义发挥一段，然后再念一段又发挥一段。往往他发挥的这一段内容是最精彩的……朱光潜先生讲课更特别，他要求每个学生在课前要先读他的讲义，第一节课他是提问，大概每节课会提问五六个学生，到第二节课他就总结学生的发言，表面是作总结，所讲内容却非常精彩，是讲义上没有的。

在左方先生看来，"这两位大师，他们这种特殊的教学方法，是用来应付教育提纲的限制，用这种讲授方法把真知识传授给学生"。我还另有所思，除了方法运用的目的，两种"方法"（形式）不同也别有意趣，一则神似中国传统教育的"读经"指导，一则神似苏格拉底的"产婆术"。朱先生引导学生对讲义进行推敲很有思辨味道，近乎原典"精读"。

另有一处，则可看出大师对教学一事之细谨与重视，说的是吴组缃先生。因为左先生是班长，曾去吴先生家中反映同学听课意见，看到先生家中书架上有很多档案。

他是教中国古代小说史的，每部古代小说名著都有多个讲义档案，上面写有年份，我问档案内的讲义都是重写的吗？他说是，每隔一段时间，我对作品研究的深度有所不同，社会上对作品的研究也有许多新成果，加上每学期的学生素质不完全一样，要因材施教，所以要重新写讲义。

一读之下，我这个小学语文老师，已是大感汗颜。而且还没完，左先生将吴先生关于《聊斋志异》的教学档案都借回去，结果发现："大部分内容都是不照旧讲义抄的，讲义的结构和内容都不同，而且笔迹都很工整。"

左先生晚年口述至此，由衷感叹："吴组缃老师这种治学精神让我肃然起敬，我想只有这一代宗师才会对学生这样负责任。"

薪尽火传，如今的我们，从"一代宗师"们身上要学习的最宝贵的就是这些"治学精神"与"负责任"吧。

正月初四

收到何伟俊老师相赠的《论语里住着的孔子：一位普通教师的〈论语〉阅读笔记》一书，他历时两年的《论语》讲座，到这一刻，也是一个圆满。

书出版之前，就帮何老师看过书稿。作为一位普通教师，他这本《论语》阅读笔记，解读上未必蹊径独辟，但他本着一颗教育者的心，嚼饭哺人，带读者走进孔子老师的课堂，听课，也评课，这就有意思了。况且，何老师一路走来，自身多有修习之乐，他努力将这快意与乐趣传达出来，让我们与"论语里住着的孔子"一起想想事、聊聊天、过过日子。

大年初四，一边读读《论语》，一边翻翻何老师的笔记，慢慢地，我也略微有些"论语里住着"的味道，陶然而读，乐而不返。

正月初五

午间，在"澎湃"读到两篇好文章，一篇是毛尖、傅月庵对谈"读书"，另一篇是万圣书园老板娘醒客张的日记《万圣十四年排行榜前十（2001—2014）》。

单说前一篇，两位资深读书人在对谈中金句不断。傅先生最后说，读书，讲穿了，就像他俩的对话，测不准："若能跟作者对话，开始时重点也许是这个，可聊着聊着，很可能就岔出连你自己都想象不出来的精彩道路来，行行复行行，山阴道上应接不暇，那是读书的理想状态，快乐得不得了。《水浒传》序言里说：'快意之事莫若友，快友之事莫若谈。'书是朋友，痛快的朋友、让人有快感的朋友，都是聊出来的，作为一名读者，你得跟作者'对话'，可千万别'听话'，俯首听他'训话'了。"

连着好几天读书，本就是快意之事，陡然再听傅先生这么一总结，嘿，"快乐得不得了"。

正月初六

继续读杜威《民主与教育》（薛绚译），并与友人交流心得。《教育即成长》一章讲到对孩子未成熟状态的尊重，杜威引了爱默生的话，这种尊重"要求老师同时大量付出时间、心思、生活。这需要时间、习用、洞察、实事，以及上帝的所有教诲与帮助；仅仅心存要用这法子之念，就显出个性与深度"。

合上书页，沉吟良久。书桌上还散落着一摞已翻、未翻的，《必须冒犯观众》《阅读整理学》《异教徒》《摩托车修理店的未来工作哲学：让工匠精神回归》《幽僻处可有人行?》《人物速写》……蓦地记起山本玄绛禅师于龙泽寺讲经，说：

一切诸经，皆不过是敲门砖，是要敲开门，唤出其中的人来，此人即是你自己。

新春做伴好读书，"只与东君偏故旧"，想来，区区小可，书乡蹉跎，所求之事无非若此，就是"唤出其中的人来"，那个人，当然就是我自己啦。

在书中小站片刻

前天刚读完《斯通纳》。安静的冬日，读安静的书，实在再恰当不过，虽然斯通纳貌似平静的生活之下，是不可测的暗流与沦陷。到他自己的那本书"跌进房间的寂静中"，我已经不再介意。没错，斯通纳与生活告别了，而我的 2015 年也只剩最后两周了。

回望一年所录，不过了了，试择数札，是梳理，是回望，更是记忆。记忆这一年，我曾在书中小站的一个又一个片刻。

5 月 27 日

参加学习，主办方安排了中国现代文学馆之行。走过一趟后，感觉上了一节好的中国现代文学史课——扎实、丰富、可感。馆中藏有大量著作、信件、手札、文物，在其中一处，我驻足良久，那是萧红致萧军的手札。

君先生：

海上的颜色已经变成黑蓝了，我站在船尾，我望着海，我想：这若是我一个人，我怎敢渡过这样的大海！

这是黄昏以后我才给你写信，舱底的空气并不好，所以船开没有多久，我时时就好像要呕吐，虽然吃了多量的胃粉。

现在船停在长崎了，我打算下去玩玩。昨天的信并没写完就停下了。

到东京再写信吧！祝好！

莹
七月十八日

这是萧红去日本后给萧军的第一封信，写于 1936 年。书里读过的来到眼前，"若是我一个人，我怎敢渡过这样的大海"，读着读着，不知想到什么，在手札跟前，难过起来。

出馆时，才看到熊秉明先生雕刻的鲁迅头像就在正门不远处，赶紧跑过去，朝圣般围着转了又转，看了又看。震撼，还是震撼。

6 月 15 日

下午读《前辈们的秘密》，刘绪源先生之"谈话风"让我由衷欢喜。书中篇什贯穿了刘先生的一个观念，他认为"文章家"的长处在于才情，"所谓才情，无非是：一、天赋；二、素养；三、趣味"。书里细节，有滋有味，恰体现了这三者。比如，刘先生与张中行老人第一次见面后，"谈得很愉快"，刘先生提出要一幅字，回沪不久，中行老人的字就寄到了，是一首五绝。

面壁谁相问，凭栏我自知。
家园仍有梦，况是月明时。

还有吴小如先生与他聊天，谈顾随先生："顾先生讲课，那才叫散漫呢，一会儿说自己生病，一会儿说昨天腰疼，真是言不及义。一堂课眼看过去了，那天要讲的是辛弃疾。到了最后，才说起稼轩的豪放派，那是——'以健笔写柔情'。就一句话，够了，一堂课就这一句，你的收获就不小了！"

这发噱的场景之后，岂不正是"才"与"情"？

补：自是书录得昔年开明图书广告两则。

《未厌居习作》：作者思想朴实，文笔亲切。

《缘缘堂随笔》：作者文笔玲珑活泼，而对于事理之观察又极深刻。

刘先生觉得，这完全与叶圣陶先生和丰子恺先生的风格对得起来，尤其是"通过这样一比一看，就明白了写作的奥秘"。后面所提写作训练法更有意思，也有效，完全可以在课堂上和孩子们尝试。

7 月 1 日

偶见村上春树新书信息——《爱吃沙拉的狮子》。信息里摘引村上书里的一段话。

对人而言，最重要的大概不是知识，而是渴望获得知识的愿望和热情。只要有这种东西，我们就会不断前行，仿佛在推动自己一般。

想到自己，在书中小站片刻，也是一种推动？推动什么？

8 月 6 日

渴慕已久，终于拿到傅月庵的《书人行脚》。

2003 年 1 月 4 日深夜，傅先生到达北京，"窗外有眉月一线"，他忽有所怀。

今月曾经照古人，想起袁宏道、龚自珍、谭嗣同、鲁迅……或都曾看过这样的天空，黑夜里，心底竟漾起一种奇异的感觉，仿佛探底碰触到了所谓"文化积淀"的东西了。

"情怀"这个东西，真不是随便就有的，我在北京数日，就没有这样的思与诗，而"文化"，正在这样的思与诗里。

上午与女儿同读绘本《第一次提问》（长田弘文、伊势英子绘），深深沉醉；下午续读《书人行脚》，正引有芥川龙之介之语，与长田之诗或可互相参照。

为使人生幸福，就得喜爱日常的琐事，云之光、竹之摇曳、群雀之噪鸣、行人之容颜——从这一切日常的琐事里，体味出无上的美味。但要喜爱琐事，便得为琐事而苦恼。我们为了微妙的享乐，也得微妙的受苦。为使人生幸福，就得为琐事而苦恼。

"我们为了微妙的享乐，也得微妙的受苦"，此语大妙，把女儿叫过来，说给她听。

9 月 20 日

人世间，多不可预期之事，谁承想，今天下午，就看到了台北的天空；谁承想，今天晚上，就到了诚品敦南店，徘徊流连四个多小时。收书如下。

《每个生命都是永恒的开端：慢读里尔克》《什么是文学：文学常识二十二讲》《自己的看法：读古文谈写作》《仿佛若有光》《花木栏》《像我这样的一个读者》《会读书》《国语日报》《关于罗丹：熊秉明日记择抄》《爱自学的孩子，不会怕未来》《看的方法》《老师也会有哭的时候》《少年大头春的生活周记》。

10 月 23 日

睡前读《三联生活周刊》陈赛文章《为什么孩子要读经典？如何读？——一位耶鲁文学教授的童书清单》，其中介绍了哈罗德·布鲁姆推荐给儿童的经典书籍，排在第一位的是《柳林风声》，还有《一个孩子的诗园》《小妇人》《镜中奇缘》。现代作家中，他只推荐了莫里斯·桑达克的《野兽国》，认为其"魅力不仅在绘画，在文字风格上也堪称大家"。至于传统童话，他"推荐了安徒生、格林兄弟以及北欧神话等"，但他认为最适合孩子阅读的童话，乃是安德鲁·朗格改编的童话集。

书单列完了，如何阅读呢？如果想让自己的孩子爱上阅读，父母能做些什么呢？教授说："我想，父母唯一能做的，恐怕就是温柔和耐心，适时地提供一些建议。比如你可以说，亲爱的，今晚我们关掉电视，让我给你念一本《儿童诗园》吧。或者，我坐在这里，给你读一则北欧神话，或者《柳林风声》，也许你会很喜欢的。让我们老派一晚上。虽然听起来有点可悲，但这是我唯一能建议的。"

嗯，"温柔和耐心"，亲爱的女儿，来，我们一起听个故事，也许你会很喜欢的。

11 月 18 日

到今天，老大哥李玉龙溘然离世已有一月。与李老师四年多没见，最后传来的消息竟是永远的告别，一个多月了，仍不好受。今天找出《挪威的森林》，翻到木月自杀那几页，盯着那行黑体字看了很久："死并非生的对立面，而作为生的一部分永存。"

只是与生告别，如此艰难。又读朋友寄来的《直视骄阳：征服死亡恐惧》，欧文·亚隆说："每个人死后在分子水平上又将重新成为自然的一部分，为未来的世界添砖加瓦。"想来，老大哥如今在我还未抵达的世界，"为未来的世界添砖加瓦"。这是唯一的安慰。

12 月 4 日

"你必须很喜欢和自己做伴。好处是，你不必为了顺从别人或讨好别人而扭曲自己。"费里尼说。

每天晚上点亮台灯的时候，我其实一直是喜欢和自己做伴的。因为我自己包括了我喜欢的书，作家，咖啡，朋友，还没有实现的梦，和费里尼。（王为松《文字的背影》）

常常有人问我为什么读书——是啊，斯通纳最后对生活的领悟也不过如此。

他努力获得的小小学问启发自己达到了这样一种认识：从长远看，各种东西，甚至让他领悟到这点的这份学问，都是徒劳和一场空，而且最终要消解成一片他们撼动不了的虚无。

不过，我也始终记得冯至先生那首诗里写下的。

向何处安排我们的思想？
但愿这些诗像一面风旗
把住一些把不住的事体。

年复一年，与自己做伴的我在书中小站片刻，为的只是，但愿这些书像一面风旗"把住一些把不住的事体"，比如生活，比如死亡，比如成长，比如教养，比如教育，比如课堂，比如那很多的比如……

学习善良

吴非先生博客中有《善良的心是一盏灯》一文，他认为"有没有善良的心，有没有同情与悲悯的情感，是区别'人'与'非人'的标准"。是的，人之为人，应该就在于"同情与悲悯"这样的情感。人是一棵会思想的苇草，但如果没有同情与悲悯，苇草同样会尖锐地划破人心。

善良从哪儿来？若真如先贤所言"人之初，性本善"，那为何我们目中所及，常常是不善大于善呢？试看今日网络新闻中的部分标题："18岁少女因琐事纠集同伴杀人分尸被判死刑""学校开退学证明致乙肝携带者无法就学""深圳黑中巴黄金周抢客狂砸公交车""美一13岁学生手持AK-47闯学校"……我想起暑期参加培训时郭佳老师讲起她看歌舞剧《卖火柴的小姑娘》的故事，在小女孩最后深情吟唱时，观看的孩子们在下边居然急不可待，说："怎么还不死啊？"还有陈国富老师工作不久上《丰碑》一课，课要结束时有学生郑重提问："怎么不把军需处长煮了吃？"每一个标题都让人看到善良的言行与心灵正在远去，每一个事例都显示善良的灯光暗淡了。

日间翻开摩罗的《站在自己的墓碑上发问》。书名当为"我的故乡在天堂"，不过我宁愿讲它的副题。从这个副题中，我热切地感受到抛离一切，毅然、决然的勇气与信仰。这本是摩罗一篇论文的标题，讲《当代英雄》里的毕巧林。很久前曾购得《不死的火焰》，《站在自己的墓碑上发问》选文与前书有重复，我便跳着读，一下子就来到了《学习爱　学习慈悲》这一辑。看着这个标题，我心里头立刻补上一句"学习善良"。

"以人去爱人：这也许是给与我们的最艰难、最重大的事，是最后的试验与考试，是最高的工作，别的工作都不过是为此而做的准备。"这是里尔克在《给一个青年诗人的十封信》中写下的一句话，摩罗用这句话开了文章的头。这么多"最"，很炫目，却丝毫不过分，"以人去爱人"。爱需要学习，只有这样，爱与被爱的双方才都是真正高贵的"人"。接下去，摩罗讲到了家乡的那位姓刘的农民，讲到自己的父亲和同学的父亲，讲到印度经典里的阿周那，讲到陈容、叶新这对收养孤儿的贫寒夫妇，每个人都有一个故事，每个故事都有着共同的善良与共通的慈悲。以前读《不死的火焰》，劈面而来的是摩罗思想的锐气与精神的昂扬。读着这一组，我感受到更多的平和、更多的信仰，一种自然而然的、爱的温暖油然而生。这温暖蕴藏着最深刻、最深远的力量，我干涸的心灵似乎也多了些久违的湿润与宁静。只有爱才能打动爱，只有爱才能激发爱。

《学习爱 学习慈悲》这一辑的第二篇是《善良的力量》，文章讲了20多年前发生在摩罗家乡的故事。一对要饭的母女在婺源山区为茶场摘了一季茶后来到他们村庄，每天在附近村舍乞讨，晚上回到庄上一位刘姓农民家寄宿。这位母亲头脑有些不清爽，有一天，说她们摘茶的两百多块工钱全没有了。刘家赶紧帮忙为她们找钱，但怎么找也找不到。这事儿就到了大队干部那儿。"大队干部听了双方的说辞之后，对姓刘的农民说：你看这件事还能到哪里说理去，谁听了都会觉得这钱是你拿了。现在我不管实际上是怎么样的，人家又是讨饭的，神经又有毛病，你如果说不清楚，你就得出钱把这事了结掉。姓刘的农民只好赔偿母女俩两百多元钱。那时候的两百多元钱，相当于一个强壮农民整整一年的劳动报酬。"

几天以后，一位姓曹的农民在田间小路的石板底下捡到两百多块钱，那母亲又说，那就是她的钱，她有意藏在那里，后来找不到了。"这时候人们不再关心那笔钱，人们用全部的注意力和尊敬谈论着那位姓刘的农民。人们不知道他从哪里拥有了那么大的力量，无辜地付出整整一年的劳动，无辜地承受荣誉的巨大压力。谁都知道，当初他如果不赔那个钱，尽管大多数人依然怀疑是他偷了，可毕竟还会考虑到另外的可能性。可是，一旦他赔了那个钱，实际上谁也不会相信他的辩解。如果不是侥幸有人捡到了那一对母女的钱，如果不是侥幸那个捡钱的人将这件事情张扬出来了，姓刘的农民无疑要背一辈子黑锅。……那一年我回家度暑假的时候，离这件事情的发生不远，我到处听见乡亲们对他的称道。在乡村，一个人如果善良得不知道维护自己的利益和荣誉，常常会被看作愚蠢。可是，对于这位胸怀宽广的农民，我没有听见一个人说他愚蠢。大家都被他的善良与豁达所震撼。在乡村，我第一次发现，一个卑微的农民受到了世界上最隆重的称赞。"

　　我几乎同样是怀着"全部的注意力和尊敬"读完这短短的文字，从头到尾除了那神经兮兮的母亲前后颠倒的说辞，我没有见到刘姓农民说一句话。他似乎一直沉默着，沉默着寻找，沉默着承认，沉默着背上可能一辈子都脱不掉的黑锅，沉默着等到真相大白，这样隐忍的心该有着多么坚强的力量，这坚强来自何处？善良与豁达！不要忘了，从一开始，就是他好心收留这对母女寄住的。善良举动招来如此巨祸，善良也没有一丝褪色，所以，"一个卑微的农民受到了世界上最隆重的称赞"，这是对他本人的称赞，更是对善良的称赞。"善良的心是一盏灯"，这个村子的人有福了，他们肯定永远不会忘记这位善良的刘姓农民，他无声无息地树立起人之为人的永恒标杆。摩罗说："那位农民本人怎样看待这件事，我一直没有听见什么说法。"已经不需要什么说法了，就像当初出钱时，他好像也没什么说法。"如果善良得不知道维护自己的利益和荣誉，常常会被看作愚蠢"，在我们这儿，善良通常都是与愚蠢联系在一起的，他交出钱难道真是愚蠢或逆来顺受？绝不！摩罗在之后说过一段话："一个人性健全、精神强大的人，一定是一个对世界充满温情并且有能力为世界承担责任的人。"是非颠倒、黑白混沌之时，刘姓农民以他的善良承担着一切。善良的心是一盏灯，灯是有光的，这光已经让刘姓农民看到将来可能发生的一切。我坚信。

　　吴非先生在文章中说："教育要重视培养学生仁爱的禀赋，这就需要教师首先成为情感健全的人。在有仁爱之心的教师眼中，学生首先是人，是需要关怀的人，在那样的班级中，学生也懂得了平等、仁爱。我的几位同事，自奉甚薄，却一直慷慨地资助家庭贫困的学生，帮助学生走过最困难的人生阶段。教师的这种美德让学生感受到博大的爱，仁爱的情感也就能这样传给下一代。"有一次，我抱怨说孩子们的心为什么会这么硬呢，后来朋友在博客里给了一个答案：心为什么会硬？"遇到另外一颗硬的心，就没法再柔软了。"啊，我豁然开朗，真是这样，不仅孩子们，就是我们自己，在生活中会遇到多少"另一颗硬的心"呢？或者，一直以来，我们的心本就不再柔软。我很为村民们庆幸，他们遇到了一颗最柔软的心。这是颗善良的心，这是颗豁达的心。雅斯贝尔斯说："教育本身就意味着，一棵树摇动另一棵树，一朵云推动另一朵云，一个灵魂唤醒另一个灵魂。"生活何尝不是这样？它是一颗爱心激发另一颗爱心，一份善良教会另一份善良。

　　爱是要学的，爱也是要教的。"爱除了来自生命的天性以外，还有需要学习的一面。爱既是人类本性，又是从社会文化生活中习得的教养。"但这些话中都藏着一个前提，我们是"人"，不管是我们还是学生。这就带来一个"自我觉醒"与"认识自我"的严肃命题。本书中另有一辑《生命的祈祷》，专讲"吃人"。我们会很惊讶地发现，"怎么不把军需处长煮了吃"，这位小同学已经提出了一个很严肃的"伦理难题"，这近乎无解。"在实在不能保证全体人员的生命时，是否可以放弃一部分人的生命，集中保证另一部分人的生命需求？是否可以牺牲一部分人的生命，用来服务于另一部分人的生命需求？"这难道不就是那位小同学的提问？我突然发现我错了，我一直以为这是小孩的信口胡言，没想到这根本就无法糊弄过去，"实际上人类社会从来都是这样实行的。无论遇到什么灾荒，饿死的永远是老百姓，从来没有听说官员饿死的"。正如吴非结束文章的沉痛之言："我逐渐懂得，对没有觉醒的民族而言，它的本能同情并不能衍生出博爱；而如果人没有真正的自尊，他的情感是会被强权玩弄的。"

　　《生命的祈祷》有一篇讲刘德周终审判决大会的报道，摩罗以文本精读的形式将原报道一一解剖。摩罗的中心议题是"死刑犯人应该享有死亡的尊严"。因为无论如何，他还是一个"人"，"只有理解活着的尊严的人，才能意识到死亡的尊严"。换句话说，我们对死亡如此轻描淡写甚至用笔肮脏，恰恰就是从来没有理解活着的尊严，不知道让他"像人一样死去"。

在叶夫图申科的《提前撰写的自传》里，有下面的场景。

1944年冬天，两万德国战俘排成纵队，从莫斯科大街上穿过。所有的马路上都挤满了人。苏军士兵和警察警戒在战俘和围观者之间。围观者大部分是妇女。"她们当中的每一个人，都是战争的受害者。或者是父亲，或者是丈夫，或者是兄弟，或者是儿子，让德寇杀死了。""妇女们怀着满腔仇恨，朝着大队俘虏即将走来的方向望着。当俘虏们出现时，妇女们把一双双勤劳的手攥成了拳头，士兵和警察们竭尽全力阻挡着她们"，生怕她们控制不住自己的冲动。

这时，一位上了年纪的妇女，穿着一双战争年代的破旧的长筒靴，把手搭在一个警察的肩上，要求让她走近俘虏。她到了俘虏身边，从怀里掏出一个用印花布方巾包裹的东西——里面是一块黑面包。她不好意思地把这块黑面包塞到了一个疲惫不堪、两条腿勉强支撑得住的俘虏的衣袋里。于是，整个气氛改变了。妇女们从四面八方一齐拥向俘虏，把面包、香烟等各种东西塞给这些战俘。

叶夫图申科在故事结尾写道："这些人已经不是敌人了。这些人已经是人了……"

摩罗同样写过这个故事，叫"把敌人变成人"："它道出了人类面对世界时所能表现出的最伟大的善良和最伟大的生命关怀。"

印度《薄伽梵歌》里的阿周那在面对敌人时，同样"不只是看见了敌人，他还看见了血缘至亲，看见了人。"他悲伤地吟唱道：

我们竟然横下心来
去招致不容宽恕的罪过，

> 诛戮自己的宗亲家人
> 却是为了王权和享乐。
> 即便是持国的儿子们
> 用利刃杀我于战场，
> 我也决不挥戈抗争，
> 如此倒觉得坦然舒畅。

"阿周那对杀戮的疑虑与反思，就是基于对生命的敬畏与怜惜。正是这种敬畏和怜惜，才可能将人性提升到善良、美好、丰富、博大的状态。"善良的根在哪里？是对生命的尊重，是对生命的热爱，是对生命的敬畏，这大概是我们目下需要的最重要的觉醒。

摩罗在文章结尾处说："我们的当务之急，是不计任何条件地投入到爱与救助的事业之中，以自己的行动，以自己的微薄的力量和能量，促成中国人爱心的觉醒，促成中国社会救助能力的发育。只有用爱才能唤醒爱，只有用救助的行为才能唤醒更多的救助。生命不是垃圾，生命不可以扔进垃圾桶。我们连垃圾都捡，为什么不捡生命呢？从垃圾桶里将生命捡起来，这个行动是对人间爱心的最强烈的呼告和吁请。如果我们只是抱怨这个社会缺乏爱心，自己却拒绝付出爱心，我们就只是一个被冷酷社会造就的冷酷人，而没有体现一点改造社会的意愿和能力。每一代人都不是完全被动地接受上一代人留下的社会遗产，他同时还具有改造社会的责任和能力。我们必须将一个死板的冷酷的社会，改造成一个具有爱与救助能力的社会。我们不但具有这样的责任，我们同时还具有承担这一责任的能力。"

这同样是"对人间爱心的最强烈的呼告和吁请"，这吁请期待着我们的用心回应，请继续读完里尔克的话："所以一切正在开始的青年们还不能爱；他们必须学习。他们必须用他们整个的生命、用一切的力量，集聚他们寂寞、痛苦和向上激动的心去学习爱。"

当我们谈论雷夫时我们在谈论什么

最早听说雷夫·艾斯奎斯老师是在 2009 年，当时有位朋友推荐了一本书，就是后来名噪一时的《成功无捷径：第 56 号教室的奇迹》。从这本书里，我初次接触到雷夫老师"教室的奇迹"，还有奇迹背后的教育思想。

作为一名普通老师，雷夫确实创造了一项项令教育界瞩目的奇迹。既包括他多年来所获得的诸多大奖，如美国"总统国家艺术奖"、1992 年"全美最佳教师奖"、美国著名亲子杂志《父母》年度"成长奖"、美国媒体天后欧普拉的"善待生命奖"、英国女王颁发的不列颠帝国勋章等，也包括他的教学成果，比如独创的阅读、数学等基础课程深受孩子们喜欢，"他们着迷般每天提前两小时到校，放学后数小时内仍不愿离去"，即便在节假日，孩子们也来到学校，跟随雷夫老师一起阅读、做算术、表演莎士比亚戏剧，和他一起去旅行，在标准化测试中他们取得高居全美标准化测试前 5% 的优异成绩。更值得一提的是，这些奇迹都来自一所"特殊"学校，校内高达九成的学生家庭贫困，且多出自非英语国家的移民家庭。

之后，又读了《第 56 号教室的奇迹：让孩子变成爱学习的天使》，教育科学出版社出版的《第 56 号教室的故事：雷夫老师中国讲演录》也在第一时间读到。阅读中我一再被打动，感动之下，我努力地想：雷夫何以成为"雷夫"？奇迹深处藏着什么样的秘密？学习雷夫到底能学哪些东西？

阿坦克斯曾经说："你永远无法真正了解一个人，除非你能从对方的角度来看待事物，除非你能够进入他的身体，用他的身体行走。"一再阅读后，我感觉到，雷夫老师绝不是创造奇迹的英雄，他反复地说"教书是件吃力不讨好的工作"，还说他像"所有真正的教师一样，经常失败"，说他"会在凌晨时分躺在床上睡不着"，为一个无力教育的孩子而感到极度痛苦。"我只是一个老师"，这才是他内心的声音。

"我只是一个老师"，如此朴实，如此平凡，在我看来却恰好最简洁、最清晰地诠释出雷夫教室中的奇迹与价值。他只是做了一个老师应该做的，但因为他对教育的理解、对学生的理解还原了教育所应有的面貌，于是，教育的力量得以发生，教室里的奇迹得以实现。于是，对奇迹的观察便可成为对秘密的追问：当我们谈论雷夫时我们在谈论什么？

一、确立教育的本质

教育的本质是什么？这是身为教育人必须面对且回答的问题。所有的行为均出自心中的观念，对教育的认知即决定了教师所可能实施的行为。

雷夫很早就解决了这个问题，在他看来，教育绝不是为了考试，他也不是为了考试而教，他的工作是给"学生一个成功的机会"，因为一个老师的工作是为学生打开一扇门，并且让学生自己走进来，而且他还特别强调"不会使劲地把学生推进这扇门，也不会拉他们进来，走进来必须是学生自己的事情"。对教育本质的确立，也就使他对学生学习的意义深深洞悉。在雷夫看来，面对他的这些学生，他始终将学习的意义与生活紧紧相连。他每教一门学科的时候，都会告诉学生，这个知识在他的生活中有什么用。在他的班上，如果你问孩子们为什么要学数学，他们的答案会不同，但孩子们一定会说："如果我学了这项技能，我的生活会变得更美好。"而在教给他们一项新的技能之前，雷夫同样会告诉他们，这项技能在生活中有什么用。换句话说，这样的教育也关乎孩子当下与未来生活的"可能性"。这让我想起法国遗传学家、教育家阿尔贝·雅卡尔对教育的理解。

每个社会的首要责任，是让社会成员投入到构造个人的工作中，让每个成员借助与他人构成的联系，成为他选择要做的人。这叫作教育。

当然，雷夫并没有将教育或者学习完全看作生活的演练。事实上，在他的心里，"照顾好学生更重要"。所以，教育的本质还在于对学生的"尊重""友善"，尤其是"信任"。他在演讲中对所有的人讲："当你 10 岁的时候，有没有被关爱，是不是感觉温暖、安全，要比了解国家的历史更重要，但我年轻的时候并不知道这个道理。现在，我是 4 个孩子的父亲，我知道一定要照顾好孩子们，养育好他们，这比确保他们记住正确的考试答案更重要。"

德国铁血宰相俾斯麦曾说："政治是一种可能性的艺术。"也可以说，教育是一种"可能性的艺术"。能敲开人性中哪种可能性，说到底还是取决于我们在缔造什么样的教育。教育是什么？每位老师都可以给出答案，雷夫用他的回答创造了他的奇迹。当我们谈论这一点时，是否也应该更多地想想自己的答案，确立自己的观念呢？

二、忠于独立的自我

帕克·帕尔默在其教育名著《教学勇气：漫步教师心灵》中写道："真正好的教学不能降低到技术层面，真正好的教学来自教师的自身认同与自身完整。"

雷夫几乎就是这句话的完美代言。很难想象，在教育领域内有谁比雷夫更坦诚，更有勇气。无论是对社会文化的批判，还是对学校现状的认知，抑或是对某些教师的斥责，都有着极其勇敢的担当和坚持自我的实践。

从文化上说，雷夫认为当下正发生着的"是一场灾难"，"希望曾经有所感悟的家长和老师都赞同这一点。在一个认为运动员和明星比科研人员和消防员更重要的世界里，培养友善而又聪颖的人已经变得几乎不可能了"。对这个世界我们也不陌生，是不是？怎么办？雷夫以他的实践作出回应。

从学校来说，雷夫如此描述学校现状："'真理部'的官员持续散布着谎言。出版社、测验服务公司和行政人员串通起来，联合扼杀你担任年级老师时曾有过的创意、热忱和自由。"这难道不是我们共有的困境吗？怎么办？雷夫以他的实践作出回应。

从教师来说，雷夫显然有点儿愤怒："教育界有太多的江湖骗子，他们教上两三年书，然后就想出一些聪明的口号，建立自己的网站，开展巡回讲座。"新课程改革下"名师"遍地开花，会不会也有着不少"江湖骗子"？怎么办？雷夫仍以他的实践作出回应。

在雷夫的书里，他总是将自己的教育价值观和教育方法与其他一些教师进行对比，他总是站在事实的角度去剖析，去确认，坚持自己的感受、思考，不折不扣地完成属于自己的课程。

最使我感受到雷夫独立的自我的一幕，是回应中国网友周芳元老师有关"狼爸""虎妈"教育方式的提问，他毫不犹豫地作出回答。

"虎妈"使我感到恶心，这些家长其实是把所有的注意力都放到了他们自己身上，而把自己的孩子忽略掉了。或许因为他们是失败者，所以把对成功的渴望放在了孩子身上。在美国，有一所学校提出了一个非常糟糕的口号，这个口号是"我们要踢你，把你赶进大学"。他们就是恐吓孩子、侮辱孩子，这些学生非常可怜……

正是因为雷夫获得了他自己对教育的理解与认同，并且坚定不移地忠于自我，所以，他最终突破了自我，成就了自我。

三、运用有效的策略

当教育在一种模糊的价值观的引领下时，很难说从未有失望和沮丧的时候，也很难说有真正有益的教育实践。同样，再贴近教育本质的价值观如果没有清晰而有实效的策略引领，也很难说有真正有益的教育实践。

雷夫的教育教学，最使我们受益的就是他的"道德发展六阶段理论"：第一个阶段，我不想惹麻烦——靠惩罚起作用；第二个阶段，我想要奖赏——靠贿赂起作用；第三个阶段，我想取悦于某个人——靠魅力起作用；第四个阶段，我要遵守规则——靠自律起作用；第五个阶段，我能体贴人——靠仁爱之心起作用；第六个阶段，我奉行既定的准则——靠境界起作用。这最初是心理学家柯尔伯格提出来的，雷夫创造性地将其运用到他的教育教学和班级管理中去，收到了极佳效果。特别是"第六个阶段"，一旦达到，整个班级所呈现的面貌简直就是传说中的"好人社会"了。而这一切都因为那个学生原来就是那样的人——雷夫使他们无限接近了自己最真的灵魂！

雷夫对学生辅导的认知同样值得我们借鉴。他说他从来都不过多关心最好和最差的学生，在他眼里，学生分三种：孩子一、孩子二、孩子三。孩子一是天才，聪明，爱上学，爱老师，出身好；孩子三，不喜欢上学，每次考试都不及格，非常憎恨老师，其父母也如此。雷夫说他把更多时间花在普通的孩子二身上，他们普通、平凡，数学不是最好，写作文不是最好，其他都一般般，但是他们不捣乱，老师不会在他们身上花太多精力。"我大部分精力放在他们身上，让他们做得更好，我看到一个小女孩子，我会告诉她，你的声音很好听。我最幸运的一件事就是有你在我的班级，我迫不及待等着你的成功。他就会非常兴奋，他就会转化成孩子一的行为，当孩子三在那里找麻烦的时候，他们就会找不到捣乱的伴。让孩子二来影响班级，就会形成良好的班风，安静、和谐。"

还有什么比这更加美好的教学愿景呢？

当然，不要忘了还有孩子三。雷夫说："对于所谓孩子三，老师的任何办法都不会奏效，我们只有为他们创造更有趣的课程，让他们产生兴趣，才能改变他们。"我觉得也是这样。承认教育的无能，其实也是教育很重要的实施策略，因为在无能之中看清事实，才能产生另外的力量。

此外，雷夫的摇滚课程、棒球课程，包括迷倒众生的莎士比亚课程……都成为他的有效教学策略。策略是什么？策略是火苗。有了火苗，孩子们的热情就被点燃，让他们变成爱学习的天使，岂非指日可待？

当我们谈论雷夫时我们在谈论什么？仅仅是以上三点？不！决不！雷夫可以告诉我们的很多：建立与学生的信任关系、保持工作的热情、教育者的自我教育、对艺术课程的重视……再回想他所说的那句——"我只是一个老师"，大概会品咂出更多滋味、更多甘苦吧。

雷夫虽然看起来离我们很远，但作为我们的榜样，我觉得他并非不可靠近。他说过这么一番话，我觉得，这是对所有为人师者的鼓励，值得所有教育工作者共勉。

我是最努力工作的人，不是用教条去教什么，而是从自己的错误中学习，我在经验中学习怎么变得更好，学生会观察老师的一言一行，所以不优秀的老师对学生、对别的老师的影响都不好。老师必须是学生的榜样。

经历"具体的阅读过程"

近几年的专业阅读里，读到詹丹先生的文章应属我最大的收获。最初从《语文学习》杂志读到他有关语文教学的文章，立刻觉得立论有根，出言不凡，深深佩服，此后便一直追随。2012 年 10 月他出版了《语文教学的批评与反批评》，我第一时间买来阅读。读后既感到解惑又感到振奋，詹先生一贯的主张是"不论是争鸣还是阐释，彰显语文教学的文学色彩，把被应试教育遮蔽或者阻遏的文学能力的培养充分张扬出来"。这也正是我个人困惑与思考之一隅，而詹先生的清晰与深邃，在恰当的时候，给了我极大的推动。

詹先生在《语文教学的批评与反批评》的自序中直言，一些语文教师之所以有意抹杀或者无意忽视语文教学的文学性，其原因之一"就是在回避他们文学修养，特别是文本解读能力的软肋"，"同样荒谬的是，有人用他们自己也未必理解的'后现代''多元化''建构主义'等标签，来为文本解读的种种误解做辩护"。当时读到这些语句，我非常激动，如此旗帜鲜明的话语，在语文专业文章里，已经很久没有读到。也就在这篇自序里，他提到了他除了写一些批评文字外，"也撰写了不少文本解读的文章"，在积攒到一定数量后将结集出版。从那时起，我就一直关注并期待。将近三年过去，终于，2015 年 7 月，《语文教学与文本解读》一书出版。读完此书，正如詹先生所期待的，它"丰富而不是遮蔽了语文教师自身对文本的积极理解"。当我穿行在先生就他所挑选出的若干作品所做之解读中，备感水流云在，繁花似锦，用句大白话说——都是"干货"。

一

说《语文教学与文本解读》这本书之前，先专门谈詹先生的一篇文章，题曰"如何定位教学内容深浅——以儿歌《小小的船》为例"（以下简称"《如何》"）。为什么要先挑这篇文章，因为我觉得，这篇文章恰恰可以给我们双重启迪：一是对同一文本解读视角的不同对教学内容确定的影响，这篇文章可称范例；二是执教者对文本解读这件事的姿态与行动，同样是一个范例。而二者的结合，足可印证《语文教学与文本解读》一书的见解之妙、内涵之深，还有更重要的是，对教师实践和课堂教学的引领之力——如此亦能领略本书之精彩。

《如何》一文以儿歌《小小的船》为例，从众人习以为常的一点切入。如果只将此文看作"识字"材料，那对于教学内容的深浅无甚可谈，但詹先生往前一步，针对识字教学他要求不仅要让学生了解字典义，还要理解其语境义，乃至"进一步思考所学字词对语境本身来说意味着什么"。这就需要深入思考词语与文本的复杂关系，沿此脉络，以下阐释，境界全开。

詹先生首先细读了《小小的船》。对于这首仅有四句的儿歌，詹先生的解读鞭辟入里，让这首儿歌呈现出很多教师从未见识过的复杂与深刻，以及随之而来的另一种美丽——来自文本的纯粹的美丽。比如对第一句"弯弯的月亮小小的船"，詹先生娓娓道来：

开头一句，虽然确实把月亮比作了一条船，但没有直接写"弯弯的月亮像条船"，而是采取月亮与船并置的方式，所留下的思维逻辑上的空缺，让读者自己通过想象来连接。第一句的描写不仅看似省略了联系词的一个比喻，而且因为两者并置，使得前后关系有了互文的效果，即月亮和船都是既弯且小的。不过，尽管是互文，先提"弯弯"而后提"小小"，是因为以"弯"的特征说明，月亮用"船"来比喻要比"小"更具关键性，是直接排除圆月的可能性。此外，叠词"弯弯"和"小小"在含义上有强调作用，就不能再用"很"来修饰，阅读起来也要比用"很"更容易产生亲切感。再从整句的句子看，成分是五字短语向四字短语的转换，节奏上则形成 3/2/3/1 的节拍，最后以一字节拍来收尾，自然就有一种顿挫感。

说实话，读完这一段，不满足，又读一次，再读一次，喜欢呀，我已感受到的不仅是詹先生对原诗解说得清楚——从内容、形式到音韵，更有这种解读本身带出的美感，条分缕析，气定神闲。接下来对另三句的解读同样如此，詹先生展现着他令人惊叹又赏心悦目的解读功力，如庖丁解牛般，将这首似乎只是为牙牙学语而用的儿歌带出了焕然一新的面貌。最后，他概括出针对这首篇幅短小的儿歌的两种基本解读思路：一种是"认定了首句的比喻性，从而概括出想象性的三次思维跳跃"；一种是"原生态的阅读思路，更注重阅读过程中形成经验的自我修正"。

《如何》一文的后一部分即针对教学内容的确定，《小小的船》在小学低年级教，或者放入中学教材，教学内容的深浅如何把握，又该如何实施，詹先生分别提出了建议。最后甚至指出有关这首儿歌的阅读立场问题："也许是在更高学习阶段，比如大学教学中所确定的主要内容吧？"对这样一首貌似极简的儿歌，詹先生最终将我们带入了极高的境界，也给我们以文学阅读的享受。不能不说，读者面对这样的解读，有"技"的收获，更有"道"的领悟，会收获如何阅读一篇文章，如何面向教学内容的确定进行解读，更会领悟到解读本身确确实实是"对话"，与作者对话，与文本对话。

而这一点，正是《语文教学与文本解读》一书的起点与落脚点。

二

詹先生这本书分四辑，前三辑分别是"中国古今小说的解读和论析""外国现代小说解读""散文和诗歌名篇重读"。几辑里的篇目既有入选教材前就已很出名的，如《世说新语》《红楼梦》中的部分章节，也有一些或许没那么出名，却因入选某些版本的选修教材而为人熟知的，还有一些曾因种种原因，如被选入中小学生的课外读物，如梅子涵的小说，也纳入了詹先生解读的范围。第四辑是"阅读教学和教学评价"。这一组文章价值极高，除了解读视角的独特，更有一种硬碰硬的果敢之气。确实是这样，当文本解读在教学中被落实、其实际效果被检测时，考量和分析种种教学与测试，也把在文本解读中确立起的一种对话意识引向了深入。其中有一篇联系《祖父的园子》推敲于永正老师教学的文章，就敏锐地揭示出于老师本节课"过程的流畅"，是以"一个外在于文本的阅读活动逻辑构架起来的"。我并不觉得这篇文章否定了于老师的教学成就，而是进一步认识到文本的逻辑对教学的制约，"教学活动的逻辑展开，也应该与文本的内在逻辑和要素有基本的协调"。

如果用一句话表达，我个人认为，《语文教学与文本解读》一书最大的特色也是其最大的效用在于，建立起了文本解读与课堂教学对话的路径。它不同于很多立足于分析与鉴赏而进行的解读，这正如詹先生夫子自道："揭示体现于文本的种种对话，是贯穿本论文集的基调，而这种揭示本身，也同样与作品构成一种特殊的对话方式。"自然，我们可以反问，哪一位专家或老师的文本解读不是在"对话"，詹先生这个到底又有何例外？这一点，我以为就是詹先生一直以来的坚持——"给方法以具体"，观望课堂，介入教学，很多的教学策略或建议就已经蕴含在解读之中。比如对《劳山道士》一文的解读，结尾提到词语学习的要求，詹先生就认为除了常规意义上的文言词语积累外，更需要"把这些词语与情节内容、人

物思想更好地结合起来"。他举出文中的"鉴",解读道:

在这篇小说,除了解释为"镜子"、解释其名词作动词外,还有在小说特有的光照力量,那种对幻觉的营造效果以及光亮暗淡后,只留下圆形的形态,既深化了对小说的理解,也是对词语力量的一种把握。因为这种力量,来自于对小说有机性的深刻认识,也来自于对机械学习的努力摆脱,学习理论中所谓的有意义学习,不正是以这样的学习目标和手段为归趣的吗?

可以说,这是对文本的解读,精彩的解读,但从中得到的还有清楚的教学思路与操作方法,甚至,最终已经由"这一篇"延伸到"这一类",指向小说文本阅读与教学的一般性。诸如此类,书中多矣,像《小议说明文阅读教学的起点——重读钱梦龙〈死海不死〉教学实录》一文,直接就讲教学。将解读与教学融合得如此紧密的专家,詹先生之外,也不多见。

三

说到文本解读,对中小学教师而言,孙绍振先生是绕不开的,他的作品《名作细读:微观分析个案研究》,皇皇巨著,影响深远。在这本书的扉页上,他写了这么一段话:

在语文课堂上重复学生一望而知的东西,我从中学生时代对之就十分厌恶。从那时我就立志,有朝一日,我当语文老师一定要讲出学生感觉到又说不出来,或者以为是一望而知,其实是一无所知的东西来。

从詹丹先生的解读里,我倒也确确实实读出了许多本以为是一望而知，"其实是一无所知的东西"。比如《苏州园林》一课，通常教师备课都能注意到文章的总分式结构，由此，开头两个自然段是文章的总起，这一点很容易把握。但是，这一总起的"意义"在哪里？詹先生抽丝剥茧，信手拈来：一是对文章总意脉的提示，二是对苏州园林构成要素逐一分解说明的一个总起，三是从分类学角度落笔，明确提出文章只写园林共性而非具体某一个园林，最终，在詹先生看来，因两个潜在的比较视角而写下的"总起"，"便成为概括中的概括"。（《文本解读和教学的比较——以〈苏州园林〉的教学为例》）迅速而精确，酣畅而痛快，但始终不离教学实施，所着眼的，仍然是"如何在理解并接受作者思路的同时又获得阅读者对其思维的一种超越，如何把文本内部固有的比较与教学的比较策略结合"。

就在几天之前，刚刚上了一节《孙中山破陋习》（苏教版三年级上册），对此文的第三至第六节，我做了不同的教学安排。

通常，执教者对本文这几小节，都是联系人物表现感受缠足之"痛"，但由于这几节是孙中山与母亲的对话，在感受痛苦时，往往不得要领，或者找着几处提示语，或者是零碎的描写姐姐的语句。当天在我的课上，学生自读之后交流环节，则很是充分，并且顺畅。我课后复盘思考追问，略有所悟：课文中人物的痛苦有肉体之伤（缠小脚），有心灵之痛（不可为而为之）。这些恰恰是隐藏在母子对话后面的声音。课件上的"听懂"，正给了孩子们一个提示，让他们在阅读中把握文本自身的脉络，与直接联系人物的感受痛苦相比，这是符合文本逻辑的。所以，孩子们可以在阅读中"接受作者思路的同时又获得阅读者对其思维的一种超越"。在那一刻，他们倾听到文本内部的声音。这一点，对于语文教学工作者而言，尤其重要。文本解读，不就是要倾听文本内部的声音？这正是我读《语文教学与文本解读》的一大收获。

当然，话说回来，文本内部的声音是否真的就是文本自身的声音，而并不是教师以自以为是的框架建构起来的解读，也需要教学者的慎重思考。对此，詹先生这本书中对王崧舟老师《长相思》一课教学的商榷文章，可兹一读。

四

詹丹先生的书中，没有套用那些面目唬人的各类理论。这些理论都化作他朴素的解读路径。所有的篇章都透亮、清澈，又不虚与委蛇。没有一处是凌空高蹈、自说自话，他以对语文教育的坦诚之心，总是围绕着具体问题，写下解读与建议。

最近，李海林老师在一篇文章里讲到，阅读教学最要紧的是什么，就是教师个人对文本要有具体的阅读过程、阅读结论。无论其立论缘何，我想，《语文教学与文本解读》正可成为老师们参考的"具体的阅读过程"。在詹先生的阅读过程中，经历自己的阅读过程，从而得到一个面向阅读教学本义的"阅读结论"。

第二辑　童书绿荫

　　我相信，只要大家有心，播下图画书这颗"幸福的种子"，细心栽培，不停顿地一直念下去，总有一天，孩子也好，大人也好，他们将共有一棵参天的树。回头望望，在这树下，我们一起走过的，是属于彼此生命最好的时光。

最好的时光

　　图画书，也称绘本。我一向喜欢儿童文学，收集、阅读了不少童书，却没注意过图画书。当然，如果照一位朋友的说法，"图画书不就是我们小时候读的连环画、小人书"，那我跟图画书的相遇就早了，小人书谁没读过啊！可是，现在所说的图画书，还真不是连环画、小人书。不周全的何止我这个朋友，百度百科这样介绍图画书："一种新兴而独特的儿童文学类型，不同于我们平时所称的'图画读物''图画故事''连环画''小人书'，同一般带插图的书也不相同。"说图画书"新兴"，显然不准确，西方公认的现代图画书鼻祖毕翠科斯·波特小姐的"彼得兔"系列，首册出版于 1902 年，距今都 110 多年了。

　　2006 年春，读到梅子涵的《阅读儿童文学》，第 10 篇《爱上雅诺什》，推介春风文艺出版社 1998 年版"雅诺什作品系列"，开头写道："我现在要来说说那位德国雅诺什的图画书。"不是连环画，不是插图故事，更不是看图说话，直接就叫"图画书"。

　　我读的第一本图画书是《猜猜我有多爱你》（以下简称《猜》）。

一、观看之道

　　最初读图画书，我跟大多数大人一样，目光习惯跟着文字走，通过文字来了解其中的意义。即使像《猜》这样世界级水准的作品，我敢肯定，那时也只会拿着书一页一页翻过，只从文字去了解故事内容，至于图画里画了什么、图画的细部与整体有何关联、前一幅画与下一幅之间如何串联、画与画之间的串联如何铺陈出故事的情节，全不在意。

《猜》一书属于"信谊"系列。2006 年 11 月，咬了咬牙，在当当网将此系列已出的 18 册一并买下。当时，着实欢喜了好一阵，每一本都在手里摩挲良久。但说真的，除了收书到手的快乐，并没有从中汲取更多阅读的快乐——这是我的问题。18 本书中，当时最喜欢《子儿，吐吐》《驴小弟变石头》《爷爷一定有办法》《老鼠牙医——地嗖头》。看书名就明白，全是故事性强的，胖脸儿憨厚可爱，驴小弟魔幻曲折，约瑟生活在亲情的温暖里。可是，只停留在文字层面阅读，收获不了图画书的真谛。"信谊"系列里的很多书，我是在很久以后重读时才走进去的，与之笑，与之哭，与之沉默，与之分享——当初顶多就是一个图画书的"扫盲"，可惜。

买图画书时，总有一个念头，就是为孩子攒书。爱人怀孕后，这个念头更加强烈，并且买回来以后很快就派上了阵。不记得从什么时候开始，每晚必定给爱人肚子里的孩子读故事。读得最多的是《小海螺和大鲸鱼》。任溶溶先生的译文带了韵脚，句式昂扬，音节响亮，每次读到最后就好像跟小海螺一起去了远方。

> 接着鲸鱼伸出他的大尾巴，
> 小海螺一只接一只，一只接一只，
> 往那上面爬。
> 他们坐在大鲸鱼的尾巴尖儿上，
> 齐声歌唱去远航。

我读得卖力，也不知肚里那位听见没有，据爱人说是有反应的，有时甫一开口，肚里就霍一阵动。现在想想，这本书，前前后后读了一百遍不止，断断续续，贯穿孕期始终。女儿出生后，有一回拿出来给她读，她也没有太强烈的反应——照理说，该是老相识了。看来，人一旦脱离母体，就淡忘了"里面的故事"。

《小海螺和大鲸鱼》属于外语教学与研究出版社"聪明豆绘本系列"，

第一辑有 6 册。其中一册《小房子变大房子》，到今天我也不觉得读明白了。故事里有一位小老太太，感觉自家房子小，就请聪明老先生帮忙。聪明老先生指点她先后把鸡、山羊、猪、奶牛拉进屋，结果搅得屋里鸡飞牛跳一团糟，老先生又指点她将它们一一送出屋，她起先还疑惑："那不就和原来一个样儿?"待她完成，却发现房子不小了，结尾说:

> 现在，小老太太欢天又喜地，
> 房子一点儿也不小，一点儿也不挤。

这个小老太太，一方面我觉着她折腾，一方面也觉着她挺阿Q:房子不还是原来的房子，怎么一开始发牢骚，到最后就欢天喜地了?

是讲知足? 就像导读所写:没有看见更加的小，就不知道你自己的其实已经不小……

是讲心态? 聪明老先生的聪明正在于不是让房子变大，而是让心态变化。

是讲智慧? 生活确实需要跟环境、他人友好相处，更重要的是，与自己友好相处。

总之，内涵丰富。简单的故事中藏着极深的意蕴。而这深深的意蕴，又大可不必理会，只享受故事里单纯的欢乐便可。读得越多，就越觉得图画书实在可爱。

更重要的是，于我而言，"聪明豆绘本系列（第一辑）"有图画书阅读入门之力。这一系列 6 册书，每一册都有篇幅小小的导读，而且有两篇导读。前一篇均由梅子涵撰写，后一篇的作者均来自海峡对岸，分别是著名儿童文学作家林佑儒、台东大学儿童文学研究所博士龚佳颖和李茵茵。梅先生的导读落脚于故事，读来也不错，可有的语句，总觉着抒情过分，说小海螺不甘寂寞，推延到孩子身上，他写道:"所以一个孩子的不愿平庸、跃跃欲试，一个人的满心热情、辽远目标，永远都不只是一个人的意义，而是国家的，是人类的！"

哎呀，大了，太大了！

而台湾作者全部从图画切入。比如龚佳颖所撰两篇，一篇题为"《小海螺和大鲸鱼》的图画巧思"，另一篇写《小房子变大房子》，题为"奇妙的'框框'"，专门分析作者为什么只使用"小图"。李茵茵解读《城里最漂亮的巨人》的"图像趣味"，解读《咕噜牛》的"图像演奏"，都特别有意思。虽是小小的点拨，然而非常专业，能感觉到这位作者说得非常靠谱。后来才明白，为什么会觉得靠谱，因为这几位作者真正精准切中了图画书的本质——"用图画来讲故事"。以李茵茵《咕噜牛》解读的一节为例。

故事的前两页像是故事的背景，绿色的森林中洋溢着一种宁静的氛围。不过，要是你顺着地上的脚印和拔起的树根观察，就会发现岩石后面的森林充满不安和危险。再加上这两页与故事最后两页的镜像设计，这两页就如同跟着脚印走进咕噜牛的想象；后两页却像是跟着脚印走出对咕噜牛的恐惧，回到宁静与安详的绿色森林。

如果不是这么细致的分析与引导，我发现不了这两页画背后的无穷意蕴与魅力。循着她的解读再去读书，更感趣味无穷。不看文字，也可想见每幅画面都在说话。说更多的话，也就是提供故事信息，这是图画书里的图画的重要功能。不在于提供审美乐趣——这也只是故事的一部分，"无论它们多么有趣，它们的形状、风格、布局都是传达信息的方式，邀请读者对故事做出回应"。文字可以看作使图画产生意义的语境，让读者注意图画的特定细节，并引导他们用特定的方式解读这些细节。当然，画面也会把文字的意义变成特定的、限制性的形象，吸引读者注意画中特别的细节。所以，著名儿童文学学者佩里·诺德曼在《儿童文学的乐趣》里提出，一本图画书至少包含着三个故事："文字讲述的故事""图画讲述的故事""文字与图画相结合而产生的故事"。

所有这些理解，我都是后来读到且读懂的，而理解的起点，就在"聪明豆绘本系列"的第一辑。本辑图画的作者是德国人阿克塞尔·舍夫勒，他的画极其风格化，色彩鲜艳，使用不透明压克力颜料，使色彩看上去更加饱和。他笔下的人物都表情丰富，小动作稚拙可爱。他还喜欢给它们勾上一个黑框，使之有一种漫画效果，优雅而诙谐。后来看到《我不知道我是谁》的画，我一下子就认出来，这肯定是"小海螺"绘者的作品，果然！如果有兴趣，再看看这一本和《小房子变大房子》的封面，会发现"达利 B"和"小老太太"不管外形、动作、表情、眼神，都很像。

我一直喜欢这一组台湾作者的导读，现在有时还拿出来看看，再回故事里浏览一番。一个没有向导的图画书初读者，正是靠着这组浅浅的导读，慢慢摸着一点门径，慢慢学着多看图画，而不仅是阅读文字。此后有朋友问起图画书，我都会提到"聪明豆绘本系列"的这一辑，它们是：《咕噜牛》《咕噜牛小妞妞》《女巫扫帚排排坐》《城里最漂亮的巨人》《小房子变大房子》《小海螺和大鲸鱼》。我想，除了图画书本身的精彩，这一组导读深得我心也是重要缘由。

二、从画出发

卡尔维诺说，"一部经典作品是一本每次重读都像初读那样带来发现的书"，图画书尤其如此。一旦尝试着由图画进入，很多经典，每一次重读都会像初读那样带来发现。

少年儿童出版社 2005 年版的《子儿，吐吐》，是我较早读到的，最初读就喜欢，尽管只是读文字——书里文字不少，连起来就是一个很有趣的幼儿生活故事。

主人公胖脸儿吃东西总是超级快，有一天吃木瓜，把木瓜种子也吃下了肚。小猪们发现后一番议论，认为他头上会长木瓜树。在"痛苦"的纠结后，他想通了，期待着头上长出树来，谁料一觉醒来，用了马桶，种子却在他便便里了。

故事自然、幽默，也有小小的教训，画家笔下那位小胖墩——胖脸儿真叫一个可爱。这大概是当时读到唯一与图相关的，实在没法不注意到他的形象。再读已经是两年后，女儿三岁多一点儿，翻出来想读给她听。读之前我自己又看了一遍，这一看，就看出了更多妙趣。

封面、封底，是连着的一幅画面。图画书的封面通常都会涵盖故事最关键的要素或情节。《子儿，吐吐》也是如此，封面画其实是故事的起点，也就是"子儿，没有吐吐"。

扉页，是手写体的书名与作者署名，从一开始，就为故事定下了可爱和稚拙的基调。主体部分是颜色不同、大小不一的小种子，下面是切开的苹果与柠檬，暗示这些种子是果实的种子。而果实，当然与吃有关了。

第一幅画面，一大群小猪站在一起，各有各的神态，看起来都很天真、笨拙。这是故事可能发生、发展的前提，要不是他们全都懵懂，把瓜果子儿吃下肚，有什么好担心的？其中，顶个大脑袋的小猪很容易被发现，这时，右下角的文字就派上了用场，迅速、简洁地向读者介绍了角色特征，外形、个性、爱说的话，大家的目光就会聚焦到这个胖墩儿身上。哦，他叫胖脸儿，"因为，他的脸——胖得比谁都胖"！

第二幅画面，吃木瓜的场景。两排桌子，各吃各瓜，浓浓的生活味道。仔细看，图上左边的小猪，手臂正指着胖脸儿面前的桌面；右边的小猪，直接趴着往他的桌面看；所有的小猪没一个在吃木瓜，有的惊奇，有的诧异，有的傻笑，视线都集中在胖脸儿的桌面上。发生了什么事？这里需要一点小小的推理和想象，秘密就在他面前的桌面上——子儿不见了！

第三幅画面，气氛紧张，小伙伴们三三两两，议论纷纷，大家都相当关注此事。胖脸儿愣愣地站在那儿，"事态"之严重，是他没想到的。这一页的文字是图形化的，形象地表现了现场的七嘴八舌。

第四幅画面，分两部分，左侧是图文合并的对话，"长树"成了大家公认的结果；右侧是胖脸儿对"头上长树的样子"的想象，脑袋上顶了棵树的他，更可爱了。但这是一场可怕的梦魇，所以，背景陡然变为冷色，且阴暗、沉重，显示胖脸儿的心情渐渐落入谷底，而木瓜树却以鲜亮的绿色绘出，黑底一衬，明晃晃的，更显出他甩不掉的负重。

本书多处图文合并，印证了作者李瑾伦的话："这本书在构想之时，图像与文字是一起出现在脑海里的，时而走文时而走图。我想这也是图画故事书最大的特色与魅力所在：图文并重，而且图往往影响故事的走向。"

第五幅画面，胖脸儿继续他的内心独白。他想到大伙儿的围观，想到给树浇水的麻烦，想到把树撑好的辛苦。用反白的背景显示这是胖脸儿的想象之境。实景中的他在号啕大哭。

第六幅画面，胖脸儿继续想象，但想象的基调变化了，从伤心转向了释然。他想到鸟儿愿意停到树上，还想到爸爸和妈妈的毫不介意。这幅画面恬静优美，小屋、小鸟、小树、繁星、月牙，这些意象都很安宁、温柔，带来安全感，所以，胖脸儿渐渐不哭了。

爸爸、妈妈在故事中只出现在这一回，但意义重大。从整个故事来看，他们的出现使胖脸儿"走向决定性的时刻"，抛掉了先前对长树的担忧和恐惧。从爸爸、妈妈温柔的对话中，可以想象他们家庭日常的和睦与温情。这提醒我们，对孩子而言，和睦的家庭始终是其内心力量的重要源泉。还有，睡着的胖脸儿，床铺加了一截，这是后来"换头睡"的伏笔。

第七幅画面，又是两部分，想通了的胖脸儿此时已经在微笑，甚至有一点小得意了。

第八幅画面，这是个小高潮，其实是前一幅右侧画面的延续，胖脸儿完全打开了想象空间，长树是快乐的，大家都来长棵树！读者完全可以想象场景中的热闹。有一点值得留意的是，本幅画面气泡框中的对话，多围绕着"吃"，非常真实。幼儿的快乐，有时真没那么复杂，他们关心最多的就是食物，就是吃。

第九幅画面，是一个镜头组合，第一个镜头是胖脸儿以百米冲刺的速度回家。镜头切换，他已睡到了床上，在等树长出来。连换头睡这样的小事都想到，原来胖脸儿看起来大大咧咧，但内心丰富、细腻——这就使他所有的想象有了依托。另外，胖脸儿房间清爽，从他房间的玩具和插画也看出他内心的安宁与自在。注意，这幅画面背景不再反白，也就是说，不再是想象了。

第十幅画面，胖脸儿睡了一觉。可以看出，这一觉睡得不大好，米粒大的眼睛时睁时闭。当然，树没有长出来。这幅画面的文字非常精彩，作者对幼儿心理的把握令人由衷钦佩。几行大字，突出表现了胖脸儿此刻内心的变化与失落。本书多处文字兼有图画功能，这也是图画书的独特魅力。

第十一幅画面，以一组连续画面交代了胖脸儿拉便便的过程，也是对"子儿吃到肚子里会怎么样"的最终回答。有意思的是，胖脸儿在这组画面中表情丰富，而文字很好地描写了胖脸儿丰富的内心，令人印象深刻。

第十二幅画面，故事尾巴，胖脸儿跑着离开了。没有文字，但读者的想象可以跟上，他会跑去哪里，找谁，说些什么？好的图画书，正是对想象空间的无限挖掘。故事从不会结束，图画的特质是涵盖空间而非时间，它可以自由地在现实与想象中穿梭。事实上，要读懂一本图画书，不动用想象力是不可想象的。

《子儿，吐吐》整本书的设计感极强——实景与想象的背景设计、整本书基调从头到尾的跨页安排、印刷文字的呈现方式、图与文的并置融合、文字与文字的连缀，但所有这些方面，都不脱离故事。判断一本图画书的质量，最重要的就是，看这本书的图画能否充分表达故事，以图画驱动故事，文字的参与，则更加丰富了故事内容。

更让人惊讶的是画家对幼儿心理的了解和把握。故事里胖脸儿的心理过程，一波三折又自然可信，李瑾伦是如何做到的呢？她说："爱这种东西很难言喻，爱的生命可以延续多长？用我的笔将爱画下来，那就可以了。"而"理解小读者，对他们怀着爱心"，在松居直先生看来，是图画书作者应秉持的最重要的创作态度。

另外，从教育意义上说，这本书也玄机处处，让人多有妙悟。比如，第一幅画面中"胖"的概念、推理与想象能力的培养、学校里的同伴生活、幼儿对死亡的无知和恐惧、人的消化知识等，这一切都是通过图与文共同讲述的，去掉哪一部分都不行。

女儿也非常喜欢这本书，有一次自己翻出来看，一不小心书从条凳上掉下，书重，女儿没接住，只拉到散开的导读页，撕开了一道。她哭了好久。

三、听书之思

被誉为"日本图画书之父"的松居直先生有一篇文章《爱的语言》，引用几段如下。

有一些话，是父母必须对孩子说的，为了使他们健全地成长，将来能够靠自己的力量过活。例如，人活着到底是为了什么？该追求什么？"活着"的真谛何在？父母应该从小灌输孩子这些事，让它们深深地刻在孩子心里。

念书给孩子听，也就是为了传达这些观念……我从孩子很小的时候开始，到他们十岁左右，一直念书给他们听，从没有间断过。我念的书范围很广，从图画书到分量不少的儿童文学作品都有……数不清我到底念过几百本书给他们听，但其中有不少是我自己非常喜欢，希望全心全意和孩子分享的故事，也有我小时候百听不厌的故事。有时候说着说着，我自己比孩子还陶醉。我常在事后才察觉到，我期望某个故事能让孩子了解某些事情，或产生一些特定的想法或感受。

孩子长大以后，我才真正了解到，当时我用自己的声音、自己的语言讲了这么多故事……透过这些书，我已经在他们小时候，把一个做父亲的想对孩子说的话说完了。

关于图画书阅读的文章读过不少，这一篇，最喜欢。松居直先生以过来人的质朴话语，温暖地传达出图画书阅读——乃至于整个亲子阅读的意义，诚恳、有力。这样的话语，就是他强调的亲子之间最该存在的"有分量感的语言"吧。

这篇文章蕴含了松居直先生对图画书的一个重要论断，他称之为"50年从未改变"：图画书不是让孩子自己读的书，而是大人读给孩子听的书。如果给我的图画书阅读过程分阶段，从文字到图画，是一种分法。这种转向使我走向对图画书本质的认识。以遇到松居直著作为界，是一种分法。他的书使我在选择读物时从随意走向专注。还有一种分法，以了解"图画书是大人读给孩子听的书"这一观点为界，之前我是给孩子"读"书，之后是讲故事给孩子"听"。

接受"图画书是大人读给孩子听的书"这个观点后，我迅速解决了一个直到现在还有朋友谈的问题——"图画书太贵，字还少，一忽儿就翻没了"。没错，不过，图画书是大人读给孩子听的，不是教科书，更不是识字读物，你可以给他读很多次，反反复复读一辈子。

以一本书为例，说说与孩子"听"的力量的正面相逢。《凯迪和一场很大的雪》，是我读给女儿听的书中较早让她着迷的一种。

故事很简单。凯迪是一台红色履带式拖拉机，夏天推土，冬天铲雪。有一个冬天，一场大雪来到，城市被雪覆盖。凯迪横空出世，"慢慢地、稳稳地"，奋力为城市犁出一条路。她一处一处走过，让所有的机构继续工作，让所有的道路畅通，让城市回归到正常生活，最后"才打算停下来好好休息"。

维吉尼亚·李·伯顿这本书初版于 1943 年，画风朴实老派，有浓浓的风俗画味道，注重细节描摹，就连边框里也有小叙事。故事以整个城市为背景，从凯迪的行动中，完全可以想象城市中人的生活——一个安宁、和谐的市民社会。我最初读的时候就对"吉波利斯市"的市政建设印象深刻。这本书出版 70 多年后，我生活的地方，仍然没有完备的公共设施，前不久女儿还在问："安丰的消防车怎么还没有呀？"她无数次从外婆家对面的派出所门口走过，那儿有间大屋子，是预备停消防车的。屋子建起来有两年了，消防车却始终没出现。

第一遍听这个故事，她就喜欢上了。每次固定读两遍，有时更多，一遍听完她就马上要求："再读一遍！"

之后很长一段时间里，一直读"凯迪"，她始终兴致勃勃、乐此不疲。起先我还纳闷儿，怎么一个小小丫头，对拖拉机这样笨重的大家伙这么感兴趣。有天中午放学回家，转弯时看到远处工地上拖拉机、推土机、起重机来来往往，我恍然大悟：她经常由外婆抱出去晃悠，去工地的次数想来不少，所以，"凯迪"能将书与生活连接在一起，她也就看得开心。在写这篇文章时，有文章提醒，对"凯迪"的喜欢除了与生活相连外，更有可能是孩子天然的对拯救主题与秩序感的敏感，因为这两者都可以带给孩子安全感。我再回头读"凯迪",深以为然。几乎可以说,"凯迪"讲的就是一个英雄故事,丰富的细节中包含诸多英雄壮举,对需要权威的孩子来说,对凯迪的喜欢也就不足为奇了。

"凯迪"的语言很有特色,简洁,指示明确,紧贴故事,没有难解词,口语化,虽然不是韵文,但文字相近的段落不断重复,就有了诗的韵味。文字叙述的情节又特别紧张,而贯穿其中的凯迪的勇气、热忱与尽职最动人,自始至终,面对各方求助,她只有两句回答,"跟我来"或者"没问题,跟我来"。"咔嚓""咔嚓",她孤独行进,以一己之力,将整个城市从大雪中"拯救"出来,斗志昂扬,又不毕现锋芒,最后一句是:"直到这时,她才打算停下来好好休息。"简直有些英雄解甲、壮士归来的悠长余味。

后来有一天,外婆告诉我们,女儿一个人玩的时候,嘴里老念念有词,好像说了一些句子,但又听不清楚。我和爱人一留意,听到了,女儿是在念叨:

整个夏天,凯迪带着她的推土铲在城市的各条道路上工作。她喜欢工作。越费力越有难度的任务她越喜欢。

有一回,蒸汽压路机掉进池塘,凯迪把他拉了出来。公路局的人很为她感到骄傲……

拉拉杂杂,音虽不准,字倒不差。我就把书拿过来,从第一句开始,我说一两个字,她就接下去,一页一页试过去,除了个别页有记错的,她几乎把整本书的文字都记住了。我第一次发现小孩只是听故事就能记住文字,而大人虽每天在读,也就只记得前面几句。当然,我尤为感叹的是她对这本书真的喜欢,而这种喜欢只是因为"听"。她一个字都不认识,只能一次次听,一点点积蓄喜欢,最后不知不觉就把这些话全部记下来了,再念给自己听。这就是幼小的她与书的共鸣。现在再想这件事,还是感动。日本著名精神科医生神谷美惠子说："生命最质朴的感受，就是从心底最深处涌出强烈的、跃动的、无法压抑的喜悦。"要让儿童从文字中获得这种喜悦，是通过看、听，还是读？我想，肯定是听。具备实在感的语言会带给孩子音调、韵律、声音的美丽和愉悦，这既是语言体验的发端，也是唤醒生命存在感的开始。因此，就请让图画书成为一颗"幸福的种子"，大手握小手，从听开始，救救孩子。

四、诗性语言

松居直在《我的图画书论》中指出："图画书的好坏，取决于图画书中有多少丰富的语言，有多少富有内涵的、实在感的语言，有多少读者和听者从内心能共鸣的语言。而正是这样的语言，才塑造出了丰富和实在的意象。"

这样的语言，就是诗吧？我立刻想到图画书《世界为谁存在？》。它的文字部分就是一首长诗。虽然有点长，可一些段落，女儿听着听着也记在心里，这也证明了诗的力量。

世界为谁存在？
熊宝宝问妈妈。
她钻出冬眠的洞口，
挨近妈妈毛茸茸的肚子。
呃，看看你的四周，妈妈回答。
这个世界有那么多又深又黑的洞穴，
为你遮风避雨，
那么多在阳光下闪闪发亮的溪流，
鱼儿在悠游，
每一座森林，不管多么辽阔，

你永远也不会迷路走错。

……

世界也为人们存在，

不管是住在什么地方的人，

世界为每个人存在！

而我的世界在这里——和你在一起。

我们的世界有公园，

让你嬉戏玩耍，

有山丘，让你向上攀爬，

有溪流，让你涉水而过，

也有古堡和海滨，

让你尽情探索。

虽然我们已经亲眼见过许多许多，

但还有更多更多的事物

等着我们去看去做。

世界为谁存在？

世界为你存在！

诗歌立意高远，译文多书面语，我本来觉得女儿不太能懂，也就谈不上喜欢。没想到，她非常爱听这本书。这真是一本有魔力的书，诗中无尽的生灵、浩瀚的存在、辽远的世界观，更有罗伯·英潘梦幻与写实交织的图画撼动人心。每次读时我都仿佛着了魔，情绪高昂，心中激动，有时简直热泪盈眶，读着读着，真像松居直先生说的"自己比孩子还陶醉"。或许正是我读书时的澎湃，让女儿内心有了感应，她对这本书也是钟爱有加，每次都凝神静听，偶尔问几个问题。那一刻，她"听"到的是多么有分量感的世界！我非常好奇，总想知道她到底懂不懂里面的一些话。日后读到《我的图画书论》中的话语："给三四岁的幼儿提供语言丰富的图画书就很重要。而且要反反复复给他们读。对三四岁的幼儿来说，与语言的意义和理解相比较，我认为更应重视语言的趣味、愉悦等感性的方面。"尽管如此，偶尔还是想明白她到底懂什么不懂什么，直到得了《重要书在这里》指引，"那些意象呈现在书页上会有另外一种效果，它们像是酵母的作用，使诗人心中所见的意象在读者心中发酵，引发更多的意象而蔓延出意象的大原野"。我恍然大悟，她懂或者我懂，实际上是一回事，我们到底有没有在心内存下这个"酵母"，而蔓延出意象的大原野，这是最重要的。小朋友读诗，本来就是直觉的，他们有时不知道自己已经知道，有时不知道自己还不知道，总之，从"情"与"意"进入，这就足够了。

诗与生命同在，《世界为何存在？》真实、大气、自然，所以也就切中同为自然之子的儿童之心灵脉动。毫无疑问，一本真正好的图画书一定既是诗性的，也是人性的。诗性的深度，正是人性的深度。林贤治在《中国新诗五十年》中说："为人性所浸润的思想内涵的深厚程度，以及它有机地渗透于美学形式中的各个细节的润泽程度，决定了一首诗的质量。"同样的计较，也决定一本图画书的质量。

现代社会，散文性的语言被过分使用着，语言变得贫瘠了，语言贫瘠就意味着表达的贫瘠。要改变这一点，就必须在小的时候给一些文学的、诗性的语言体验。儿童可以从诗的语言中感受到更多语言的韵律、声/音调、意象，它们彼此间的联系，及其蕴含的乐趣和愉悦，所以，我们要多多寻找诗性的图画书给孩子。回想女儿至今的"听"书轨迹，这几册印象深刻。

《古利和古拉》《雪姑娘》《大河马》《拔萝卜》——都是"儿童之友"系列，每一本都值得读。

《迈克·马力甘和他的蒸汽挖土机》——同样是伯顿的作品。"凯迪"和"玛丽安"两本书，是我家所有图画书中最破的，读了很多遍了。

《让路给小鸭子》《妈妈的红沙发》——"启发"系列。不管是优雅自在的马拉先生一家，还是日子艰辛的"我"这一家，两本书里的生活，都有着浓浓的诗情。

《鸭子农夫》——"嘎嘎"声一起，女儿就知道，鸭子又开始受罪了。这个故事的深处，藏着"革命"。

我读图画书给女儿听，没什么特别的方法，就是一路读，用心读，不发问——除非她自己有疑问。多年以后，我希望自己也可以像松居直先生那样，淡淡提起，"透过这些书，我已经在他们小时候，把一个做父亲的想对孩子说的话说完了"。

<h2 style="text-align:center">五、大人的读</h2>

"如果大人不总是把绘本置于身边，不经常亲近阅读，怎么有资格劝说孩子来阅读绘本呢？"这是我前阵子读到的日本纪实文学家柳田邦男的话。他还说："人到了后半生，更应该总是把绘本放在身边，慢慢地、用心地阅读。在只顾工作的奔忙中遗忘了的那些珍贵的东西——幽默、悲伤、孤独、相互扶助、别离、死亡、生命，会像烤画一样浮现出来。"

深以为然。

不管哪本图画书，在读给孩子听之前，我自身进入的深度有多少，对这本书了解到什么程度，自己是不是真的对绘本感兴趣，对故事感同身受，在柳田先生看来，这些问题若不能很好地解决，再怎么对孩子讲，也不能进行真正的传达。

手上有一本英文图画书，译名为"阿虎开窍了"。毫不夸张地说，读第一遍时，我就震惊于作者用一个如此简单的故事，讲述了一个和《爱弥儿》一样深刻的命题。当时我就想，所有为人父、为人母、为人师者，都应该读一读这本书，书里揭示了儿童成长与亲子抚育的最大秘密。

参照译文，故事是这样的。阿虎是只什么事都做不好的小老虎，他不会读书、不会写字、不会画画，甚至不曾说过一句话，吃起东西来还邋里邋遢。阿虎爸爸非常担心，阿虎妈妈说："没关系，阿虎只是慢一点开窍。"经过一段时间的等待，阿虎开窍了，他不但会读书，还可以同时读6本书；不但会写字，还可以同时拿三支笔写字；不但会画画，还画得相当出色；不但会说话，而且说了一句完整的话："我都会了！"

译者以"开窍"来表达成长，神来之笔！

开窍之前，阿虎一无所能，画上的他楚楚可怜，正是那种发展稍慢的儿童的面相，有点茫然，有点自卑，有点无奈。等待中，爸爸非常焦虑，日夜跟随阿虎悄悄观察，而妈妈则劝慰他放心，她说阿虎只是开窍晚，还没到时候。

直到有一天，

时间到了，

阿虎开窍了！

其中有一幅图是个跨页，阿虎站在一丛盛开的花朵当中。这些花在前面场景中出现时尚未开放——花的开放，暗示阿虎的开窍。满丛缤纷，异常明亮，也意味着阿虎内心的明亮，他兴高采烈，一脸笑容，扑着蝴蝶。接下来，似乎没有任何缘由的，阿虎就样样都行了，而且做得比同伴更棒！都说教育是慢的艺术——成长岂不更是慢的艺术？小树慢慢长大，需要时间，需要空间，需要阳光，需要雨露，这就是这本书的主人公阿虎告诉我的。

从另一个角度来看，爸爸与妈妈的角色，也告诉读者很多。家长到底该如何与孩子相处？如何看待孩子的成长？这本书都给出了答案，那就是：更宽广的胸怀、更完整的接纳、更自由的空间、更长久的等待。阿虎爸爸虽然焦虑、疑惑，但不可否认，他无所不在、日日夜夜地注视，也是发自内心的关怀，只不过他对这件事相当紧张。直到最后一幅图，他终于有了舒心的笑容——阿虎开窍了，他心里的大石头落地了。阿虎妈妈是足够好的妻子，是足够好的妈妈，在爸爸与儿子之间，又是足够好的桥梁。

任何一个人，"如果幸运的话，会在他的一生遇到这样一些人：他们原原本本地接受你本来的样子，像一面镜子一样，映照出你的全部心灵，在他那里，你可以成为完整的你"。

阿虎是幸运的。

而我们这些大人，长久以来，还有没有一份从容的等待着的心，伴随每一个孩子都迎来他的"开窍"时分？

这本书初版于1971年，第二年，《学会生存——教育世界的今天和明天》出版。在这份著名的报告中，有一个"未完成的人"的提法，人的生存就是一个无止境的完善过程和学习过程。我们，完全可以把这个"未完成"理解为未开窍，而人的一生绝对不止一次开窍，他总是不停地进入生活，不停地变成一个人。教育者就是要帮助一个人以一切可能的形式去实现他自己，使之成为发展与变化的主体。《阿虎开窍了》就是一个很鲜明的例子，而等待、信任，都是最好的帮助。

这本图画书我看了很多遍。我总是想，当大人们思考那些大问题时，完全可以从很多图画书里汲取宝贵的力量。图画书的神奇之处就在于，它始终是能够发挥巨大可能性的一种艺术。没错，图画书知道怎么办，大人如果认真去读，从中获得的感受对生命、生活、成长、成熟同样重要。

2009年下半年以来，我发现一些代购英文图画书的网站，慢慢积攒了一些外版书，绝对让人大开眼界。我读到了硬皮书（纸板书）、立体书、翻翻书、布书、触摸书、字母书、科普书、数学书（数数书）、剪纸书、概念书、无字书、异形书（地板书、玩具书），还有图画故事书。这些书为我既打开了一个新的图画书的世界，也让我感到很失落，觉得国内的图画书无论是创作还是引进，还有更远的路要走。当然，我们要走的远路可多了，图画书未必是什么重要的事情。可是，记得吴蓓老师说："孩子看到的图画必须非常美丽，色彩、内容应该健康、积极、美好"，"'图画'在德语里是'榜样'的意思，孩子看到的画面会内化成他的一部分"。那么，对儿童来说，还有什么事情比"榜样"更重要呢？

　　好吧，让我快快结束这样一篇过于冗长的文章，反正我相信，只要大家有心，播下图画书这颗"幸福的种子"，细心栽培，不停顿地一直念下去，总有一天，孩子也好，大人也好，他们将共有一棵参天的树。回头望望，在这棵树下，我们一起走过的，是属于彼此生命最好的时光。

一寸一寸好人生

绘本《一寸虫》的故事很简单。

一天，一只知更鸟看见一条一寸虫，正要吃它，一寸虫说它会量东西，知更鸟让它量尾巴，正好五寸。惊讶的知更鸟就载着一寸虫到处找其他鸟也来量，火烈鸟、巨嘴鸟……直到有一天，夜莺遇到了一寸虫，夜莺要量它的歌。歌怎么量啊？量不了。夜莺不管，说不量就把一寸虫吃掉，于是，一寸虫请夜莺唱起来，自己则从草叶慢慢爬下来，慢慢消失在密密的草丛间……

故事简单，但画面与文字完美融合，前者清爽而生动，后者简练而明晰，两者结合，完全有"趋近诗学的灵魂"。这也是作为大人的我，读它最大的享受——我喜欢诗！如果追问这"诗学的灵魂"在哪儿？我用两个词回答："单纯、自在。"

单　纯

就主题而言，李奥尼的作品总不乏深刻寓意，就像对自我的探求与发现，比如《一寸虫》《小黑鱼》《田鼠阿佛》等。可是，无论主题再怎么深刻，李奥尼都是用最简单、最单纯的情境（冲突）来表现、展示与完成。这本书，这个情境中的角色，最终呈现的画面，同样是单纯的。

来看《一寸虫》。

故事是单纯的：遇险、自救、"劳役"，再遇险、再自救。故事开始时，一寸虫从一大片空白中进入草地；故事结束时，一寸虫又由草地回到一大片空白中。整个这一段经历，全部是由一寸虫"一寸一寸"地行动推

173

进，因一寸一寸遇险，因一寸一寸求生，因一寸一寸得救，因一寸一寸消失。很显然，故事里，"一寸一寸"是一寸虫的行动速度，更是它的生活轨迹。从兴致勃勃地量来量去，到悄然闪避远走，就是因为夜莺给了一个完全做不了的任务。如此单纯的故事大概也在告诉我们，对于童年的孩子，大人也要坚信并守望着他的"一寸一寸"，而非匆匆催促甚至拔苗助长。要记着，一寸一寸，有丰富的可能，倘若过分拔高，失掉的绝不止一寸一寸。

角色是单纯的：且不说通体碧绿、可爱、讨喜的一寸虫，就看故事里的各只鸟吧。知更鸟遇到一寸虫，它很饿，尖尖的喙张开，近到抵上一寸虫小小的身子，后者命悬一线。翻页，两者隔开了，一寸虫微微扬着头，正是说话的姿态。知更鸟未置可否，但眼睛直视小虫，算是在对话——至少，没有一口吞掉它。再翻页，一寸虫开始量鸟尾，知更鸟此时表情特别可爱，看它的眼睛，既好奇又疑惑，也许，是尾巴上正有点痒痒？再翻页，好嘛，情势大变，简直迫不及待，开心的知更鸟正载着一寸虫找朋友去！瞧，这是不是一只非常单纯的知更鸟？它见识了一寸虫的小小本领，就给征服了，忘记了饥饿。接着是苍鹭、火烈鸟、巨嘴鸟，极具喜感的蜂鸟，虽说都可将一寸虫一口吞掉，但请看它们的眼睛，里面全部是温柔、好奇、专注，完全被一寸虫吸引。难道这不正是因为它们柔软、单纯的心性？就算是要求量歌的夜莺，也很单纯，它非常喜欢自己的歌声，所以提了个奇怪的要求。然而也正因对歌声的喜欢，它唱歌时仰头闭眼，深深陶醉，让一寸虫得以"一寸又一寸"，"量啊量"，最后"不见了踪影"。时下总有人批评儿童"不单纯"，这话实不地道。当世界年纪还小的时候，柔软与单纯可是本色，若有"不单纯"，怕还得要到大人身上找根源。

图画是单纯的：书是李奥尼拼贴做成的，留白不少，每一幅都是跨页，"给人的感觉，好像是走进刚刚修剪过的日本庭院，清爽、空旷，充满了设计味，但是那设计却比自自然然更自然"（杨茂秀语），让读者的想象仿佛跟着一寸虫边走边量，极其生动。全书绘画变中有不变，不变中有变，如一到四幅大图，都是知更鸟在场，同一角色，表情丰富，姿态多元，从画里完全"看"得到它所思所想。此外，一寸虫身历险境，书里大片颜色却是绿色，与虫相同，安静而镇定。所以，孩子们随一寸虫冒险犯难也不畏惧，饶有兴致时时微笑，读不懂文字，也能从单纯的图画里读到很多。李奥尼自己说："儿童在图画书中会经验到的是一连串已结构成形的幻想，但这些幻想却会激发孩子内心深处的感觉与想象。"可以说，越是单纯的图画书，越是内涵丰富，越是诗意盎然。不信，可以再去看他的《小蓝和小黄》。

自　在

本书不少导读提到一寸虫的"生存智慧"，某一篇这么写道：

父母最舍不得告诉孩子的，就是这个世界的险恶，然而，这的确是真切存在的，一寸虫的智慧就是生存的智慧！

没错，世界的确险恶，有如刘慈欣《三体Ⅱ：黑暗森林》里的"黑暗森林法则"。一寸虫的确在思考，但战胜命运的到底是不是不确定的"智慧"？我想，怕是未必，从一寸虫身上，从整本图画书中，从李奥尼50岁重新标定自己的人生坐标中，我看到的，更多的是一种从容、自在的人生态度。

反复阅读《一寸虫》，我发现，除了与知更鸟、夜莺说话时，书中苦哈哈的一寸虫一直就一个姿势，身体呈行进中的"∧"形。我立刻想起胡适先生说过的一句话："日拱一卒，功不唐捐。"面对险恶世界，一寸虫沉默而隐忍，没有什么了不得的"智慧"，有的仅仅是笨笨的、慢慢的脚步，一伸一缩，一寸一寸。事实上，当夜莺开口唱时，一寸虫的选择一如往常，不过这一次不再是量，而是退，是藏。"它量啊量，量啊量……"，终于"莺口脱险"。

一寸虫也没想着什么"战胜命运"，只是选择"悄悄离开"，这不再是我要的生活，那么，我就折返、离远。李欧·李奥尼曾说《一寸虫》是他的自传，当年他是美国广告设计界的大画家，但始终感觉不快乐。这不是他内心要的生活，直到他遇到图画书，出版《小蓝和小黄》。从此，他再不画广告，后来隐居意大利、"一直量到不见了踪影"。再读这句话，感受到的就不仅仅是扎着堆奔成功而去的"智慧"了，《一寸虫》里漫地碧野，深浅草叶，更多的是内心恬淡带来的诗意浪漫。

一寸虫今天是离了夜莺，但有谁知道，日后生活中会不会遇到更大的危险？不过，至少，在生活里面，在命运跟前，它从容、自在的步伐不会变。变的只是方向，随着心灵的召唤，改变身体的方向。对一寸虫，我尤感兴趣的一处自在，不是与夜莺相对，而是知更鸟载它初飞，两翼之中，鸟背之上，一寸虫居于其间眼向前观。这是彻底改变它命运的飞行，自此之后，它便不再是昨日之它，只能过着冒险求取生存的生活。要是可以跟一寸虫讲讲话，我特别想知道当知更鸟飞起那一刻，它内心有无起伏，正在想些什么……

确实是自传，《一寸虫》的故事节奏很符合人生之自在，起、承、转、合，结局也圆满。世界险恶是肯定的，但我以为《一寸虫》里的世界更多的不是险恶，而是有人情味的。诸鸟实乃天敌，但没有一只对它穷凶极恶，相反，有接纳、有欢迎。看来，一个单纯、从容的人，自会单纯与从容地行事，不紧张、不荒唐。旁人也可感受到这一点，这时就会有心灵深处的共鸣与交换。我猜，夜莺唱完歌后，看看虫不见了，也不会恼羞成怒拼命赶，顶多望几眼身边，感觉有一点意外与遗憾，然后，拍拍翅膀，飞往下一站。

它这么爱唱歌，也活得自在。

日本作家柳田邦男认为，失去闲暇的信息化时代，真正能拥有深刻感动心灵的时间和空间的媒体，最好的也许就是图画书。对孩子而言，《一寸虫》里的人生自在，未必有多少体悟，但有一点，书中的"缓慢"，一寸一寸，慢慢腾腾，是最真实的成长，可以留在孩子心里。这个时代，人生难得是自在，在心里的"缓慢"，倘若在将来能够发酵为成长的力量，果真就超越了时间和空间。说"小树慢慢长大"，是对童真的尊重、爱护与坚持，这是"大人话"，却也是赤子李欧·李奥尼的心声。他说："我真的不全然是为孩子创作的。我做这些书，是为了我自己和我的朋友们心里面恒常不变，仍然是孩子的那个部分而做的。""恒常不变""仍然是孩子"，恰因自在与单纯。

《一寸虫》英文书名"Inch by Inch"，直译就是"一寸又一寸"。我想，正是单纯一寸、自在一寸，一寸又一寸，是谓好人生。

向着梦想那方

博尔赫斯有篇短篇小说《双梦记》。因为一个梦，开罗人前往伊斯法罕寻找好运，却遭遇牢狱之灾。提审中他说明来意却引来警察队长狂笑。警察队长说自己曾做过三次梦，梦到在开罗某处有宝藏，而他从不会相信。开罗人被释放后，"回到自己的国家，他在自家园子的喷泉底下（也就是队长梦见的地点）挖出了宝藏"。

这个短篇小说的原型来自《一千零一夜》。

后来，巴西人保罗·柯艾略，将故事铺衍成《牧羊少年奇幻之旅》。牧羊少年因梦穿越撒哈拉沙漠来到埃及，没有获得财富，却领悟了炼金术士的忠告："你的财宝所在之地，也正是你的心灵所在之处。"觉悟的他遇上一伙强盗，被暴打一顿。在他说出梦境之后，领头的强盗说了一个相反的梦，他曾两次梦见少年出发的地点有财宝。少年回到家乡，在他最初出发的地方找到了宝藏。

读《小红书》，不可遏止地想到这两个故事。在我心里，小女孩与小男孩因为阅读相遇，同样，情节有如梦幻。《小红书》，就是芭芭拉·莱曼的"双梦记"。

《小红书》是无字书，完全由图画来说话。故事说简单也简单，小女孩捡到一本书，书里有个小男孩，而书里的男孩也捡到一本书，书里却正是小女孩，他们发现了彼此，放学后小女孩乘着气球飞到了男孩身边，书则被另一个男孩捡走；说复杂也复杂，图画里现实与书本交织，书外与书里切换，书中有书，故事套故事，后现代结构层层推进。

对于无字书，插画家最重要的技巧就是，提供一连串互有关联的图来暗示故事。莱曼的书中没有什么了不起的技法，只是娴熟运用"蒙太奇"，将类似电影分镜头或是漫画格的分割小图连接起来，独立的每一页、每一个镜头，经过排列组合，产生了单独存在时所不具有的含义、效果，再经由读者的想象，组成了一个流畅的、流动着的故事。《小红书》画面虽然简洁、写实，比如人物内心与表情一致，多由眼睛、鼻子、嘴巴等在勾勒中体现，但由于故事的独特与神奇，读者体验到的是如梦如幻的单纯、诗意、浪漫。

顺便说一句，《小红书》主体色调为红色。红色，总有潜藏其中的热情、浪漫、梦幻、向往。《小红书》是这样，法国导演艾尔伯特·拉摩里斯的电影《红气球》也是这样，还有杨惠中的绘本《红气球》，虽感伤仍有盼望。

故事展开后，小女孩的视线跨越地图，绵延万里，落在海滩。到第十页有四幅小图，由远及近，推至屋内正在阅读的小女孩。接下来，神来之笔，小女孩忽地转头，透过窗格发现什么似的一脸诧异。你不知道这个诧异是发现了书外的阅读者（即"我"），还是书内的小男孩。而这时候她读到的那一页，小男孩也正对外张望，表情与她毫无二致。再下一幅图，镜头来到小男孩那里，他在微笑，而手中书内的小女孩，也在微笑。我相信，这是他们发现了彼此的存在，所以接下来的一幅图，小女孩合上书本，陷入思考，或者陷入梦想……前面两幅图，同一时空中千里之外的心灵交汇，彼此的凝视与向往，瞬间便与卞之琳先生的《断章》对接。

你站在桥上看风景，
看风景的人在楼上看你，
明月装饰了你的窗子，
你装饰了别人的梦。

其中，读者始终在场，他同样是在看风景，而书内的人，何尝不是在看他？

同样浪漫的情境在小女孩乘气球飞起后再次出现。小女孩的书不小心从空中落下，被风吹开的一页显示是小男孩在沙滩上。接下来，气球远远飘去，四幅小图中，小男孩从微笑阅读到抱膝难受。神奇的是，最后一幅中，气球已经飘进了小男孩的画面中。接下来，一幅大图，一幅满页，他们遇到了，来到了同一本书中。此时，书慢慢合上……

先前读柳田邦男《与生命共鸣的绘本》一文，柳田先生的观点就是大人更应该读绘本，"绘本是能够发挥巨大可能性的一种艺术。所以，正是大人应该拥有一种亲近绘本，从中得到领悟和发现的阅读生活"。真是这样，我读《小红书》，所想的完全是大人的那点事。

小女孩、小男孩，是什么让他们相遇？

是阅读吧？从某种意义上说，阅读的本质正是"联结"。联结书与书，联结书与人，联结人与人。《小红书》完美地诠释了这一点，因为一本书，在冬天下雪街道上行走的小女孩，乘着气球飞到了夏天的海岛，与沙滩上的小男孩相遇。几乎可以说，阅读本身就是一种旅行，弗罗斯特有一句话说得很有意思："阅读，让我们成为移民。"

"移民"，必然意味着相遇；阅读，正与未知联结，让我们遇到未知的世界，遇到未知的他人，遇到未知的自己。《小红书》末尾，因为阅读而产生的联结还在延续，《小红书》被另一个小男孩捡起来，神奇的旅程又将开始。完全可以期待，这将是另一个诗意、浪漫的故事。可能性，而不是答案，才是阅读所能带给我们的真正的、最美好的礼物。

是什么让他们相遇？

是梦想吧？当小女孩小跑着离开教室时，我不知道接下来会发生什么。当她在街头遇到气球，一切顺理成章，原来她要去找小男孩。她飞起来了。下接跨页，高高瘦瘦的格子间上，她越飞越远，就要离开城市。这一幕"消除了人的重量"，"消除了城市的重量"，"消除了故事结构的重量和语言的重量"，芭芭拉·莱曼呈现了卡尔维诺推崇的"轻"。梦想，总是轻的。只有轻的，才能飞翔。而飞翔又正是孩子永远的梦想。无独有偶，拉摩里斯《红气球》剧终的一幕也是最动人的一幕：男孩帕斯卡乘着全城的气球飞上天空，不知所终。《小红书》的结局，实在也是另一种意义的"不知所终"……

生活是一场冒险，每个人都要做好只身犯险的准备，而梦想，将是随身最重要的行李。很佩服小女孩的勇气与行动力，因为一本书，和这本书携来的梦想，离开教室未有任何迟疑，乘着气球飞向远方。远方的小男孩从面对空白画面到迎接女孩到来，其间心理转折，非言语可描述，只有那雀跃着张开的双臂，告诉所有人那会是最欢喜的拥抱。梦想，实在可以带我们去往世界任何地方，如果把梦想理解为命运，那正如保罗·柯艾略所说："生活对追随自己天命之人是慷慨的。"坚持梦想，让梦想照进现实，让梦想照亮未来，那么，在这个世界上也会遇到另一个自己，不是吗？

我这样一个大人，读着《小红书》，试图倾听灵魂的声音：还有什么路，等待我去踏足？还有什么人，等待我去相遇？还有什么事，等待我去完成？博尔赫斯说："只有不属于时间的事物，才会在时间里永不消失。"《小红书》，就是不属于时间的事物，相信每一个遇到它的人，都会在心里留下它的声音。于是，书、书里人、书外人，将在时间里永不消失，永不褪色。这是命运，也是梦想。

底层的珍珠

这是一本朴素的书，这是一本安静的书，这便是安徒生的《没有画的画册》（又译为《月亮看见了》）。《没有画的画册》有 33 个故事，当夜幕降临，月亮来到一位住在阁楼上的画家窗前，为他描述昨夜或者今夜看到的人生百态。安徒生最初没有把它看作"给孩子讲的童话"，一直到晚年手定全集的时候，才将其收入童话一类。

我向来都觉得，与其称安徒生为一名童话作家，不如说他是一位诗人，有着一颗敏感的心，深沉、悲悯、忧伤，用童话编织起一个个诗一般的迷宫。写作《没有画的画册》期间，他旅行了许多国家，看到了不同的生活和不同的人生，有了不同的体会与感受，于是，他用诗的文字和语言放飞他的幻想。在万籁俱寂的夜里，月亮的私语将我们带到了世界的许多角落，让我们看到了许多陌生又亲切的生命。

从恒河岸浓密树林里那位期盼恋人的姑娘，到战死在法兰西王位上的小男孩，再到格陵兰那即将死去的渔夫，还有天才的荣誉被埋入尘土的年轻诗人，当然，也有那对幸福的新郎和新娘……月亮悄悄地划过他们的生活，照耀着他们，吻着他们。他们一个个在故事里出现，又渐渐离开，或叹息，或轻唱，或微笑，时光在流逝，人生——生和死、永恒和瞬间、幸福与痛苦、真实与虚幻——依旧在继续。

"墙的裂缝里长出了无花果树，用它宽阔、灰绿的叶子遮盖了那一片荒芜；残瓦堆中驴子踏着绿色的桂花丛……藤蔓像致哀的花环爬在歪斜的窗子上。"生死之间，废墟一片，昔日的荣华转瞬即逝，即便是那样一位天才的女歌唱家，"三分钟以后，舞台空了。一切都消逝了。声音也没有了；游人也走开了"。过眼的云烟啊！但"千百年以后，当谁也记不起这片刻的喝彩，当这位美丽的歌者、她的声调和微笑被遗忘了的时候，当这片刻对于我也成为逝去的回忆的时候，这些古迹仍然不会改变"。这才是永恒！讲故事的月亮同样是永恒的：他经历过的事情可真不少，他在太古时代的洪水上航行过，他对诺亚方舟微笑过……于是，他的眼中含着无数生与死的无常。一辈子只在家里缓慢地走圆圈的老姑娘，"现在，死后，在尽是碎石土堆的大道上奔驰起来了。裹着草席的棺材被颠出车子掉到了大道上，而马、车和小伙子则飞速地奔驰而去"。真实，往往是残酷的，这就很能理解安徒生最初的想法了。不过我推想，晚年他改变主意，可能是因为本书中为数不多的亮色还是来自儿童：想悄悄向鸡妈妈道歉的小女孩，穿上新衣服无比快乐的四岁小姑娘，鼓起无限勇气陪伴玩偶的小姑娘，与熊玩起漂亮把戏的三个小孩……忧郁的书页没能盖住他们悦耳动人的笑声，也许，在安徒生心中，孩子的快乐同样是永恒的吧。

书名叫"没有画的画册"，其实是有画的，收录了安徒生的许多素描画。他的画神秘、怪诞、敏感，仿佛来自梦幻的国度。在一幅叫"爱神阿摩尔"的画里，他画了许多心，被爱的小箭射中，但有一颗心是空白的，旁边写着他自己的名字。这让人想起第十六夜，月亮讲了一名喜剧小丑演员的故事。小丑一生都爱着女主角，然而这份爱却只能深藏于心，甚至在她入葬的那一天，满腹哀愁的他还要蹦跳着、翻筋斗，逗观众一次次欢呼："好，好极了！真是个天才的艺人！"安徒生一生成就非凡，但他的内心是孤独与寂寞的。在临终前不久，他曾经对一位年轻作家说：

我为我的童话，付出了一笔巨大的，甚至可以说是无法估计的代价。为了童话，我放弃了自己的幸福，并且错过了这种时机，那时无论想象是怎样有力和灿烂，也该让位给现实。

这本书纸质极好，书香氤氲中我常常忍不住把脸深埋进书页，有那么一两次，我真的感觉已呼吸到安徒生忧郁透明的灵魂。阅读总是一次旅程，感谢安徒生一路倾心陪伴，跟随月亮穿越这 33 个茫茫的夜，有伤感、有喜悦，也有发现。安徒生更多的是注视那些社会底层的人们，他很沉静地谛听一切，然后诚实地记录。唯其如此，我们对这些故事由衷热爱。就像最后一夜，那位天真的小女孩在祷告完"谢谢上帝赐予我们每日的面包"之外，还多嘀咕了一句什么，妈妈问她，她很不好意思地说："我希望上帝在上面多多抹些黄油。"哦，这就是底层的珍珠，温暖、柔软，小心地拨动我们久已坚硬的心灵，无论是悲伤或欢喜，是惆怅或愉悦，每一个寂静的黑夜里，它们都在熠熠闪光，永永远远……

他的启蒙，你的童年

　　几年前读过一本书，叫"儿童大学——科学家解答世界之谜"，书里收录了德国蒂宾根大学教授对儿童所提各种问题的解答，如"为什么我们听了笑话会笑""为什么会有穷人和富人""为什么学校枯燥无味""为什么说人是从猴子变来的"，诸如此类。读后印象极深，一是发现那些答案我同样受用，同样长见识，此前我也不知道"为什么我们听了笑话会笑"；二来教授回答问题的思路、逻辑值得我学习，如何与儿童对话显然是门大学问；三是这些问题，看着总觉得无比熟悉又相当陌生，我敢肯定某个时候我脑子里也有过相似之问，却从未有机会提出，于是渐渐也就忘了要问，直到忘了问题本身——也许，我失去的并不只是提问这回事，更多的是与童年对话的可能。换句话说，《儿童大学——科学家解答世界之谜》这本书除了让我得到那些有趣的答案，重要的是还让我发现藏在书里的童年的力量，唤醒我对童年的关注。

　　我常想，是不是所有好的儿童读物都蕴藏童年的力量，或者说，从来就没有什么"儿童读物"，好比米切尔·恩德讲的："从根本上来说，我反对为了孩子而存在一种特别的文学的说法。"E. B. 怀特也说："任何人若有意识地去写给小孩看的东西，那都是在浪费时间。你应该往深了写，而不是往浅了写。孩子的要求是很高的。"儿童文学本来就是成年人的文学，唯一的例外，那些最好作品的作者没有让岁月在其心灵上留下斑驳的刻痕而始终保持其最初和最后的童年，比如林格伦，比如罗大里。于是，从作品中，孩子会欣喜地发现他们自己的生活，所以才有小女孩给林格伦写信，问："世界上真的有吵闹村吗？如果有，我不想住在维也纳了。"而我们，则穿越光阴，重返童年。他们的童年，也是我们的童年。

之所以又想到这些，是因为刚刚读过的"新童年启蒙书"系列图书。毫无疑问，四位作者的初衷绝不一般，"其中贯穿了他们对教育、对孩子的理解，也贯穿了他们对未来的希望"，常立讲"起源"，郭初阳讲"开会"，蔡朝阳讲"经济"，蒋瑞龙讲"国族"，都是极大的话题，文明、文化、法律、政治、物理、哲学、历史、文学……于我这样的成年人来说，读来也备感受益。事实上，虽然这么一把岁数，可正本清源的启蒙也缺着很多，不是吗？但是，故事之外，从作者对孩子的启蒙里，我又一次感受他们从未褪色的童心，童年重临于我的心头。

"每件事物都有自己的故事"，常立引用利普斯作为《从前，有一个点：万物的起源与秘密》题记，然后展开自己的故事。这是一本童话集，每一篇起源故事由三部分构成，先是用一则童话讲述一则起源（这则童话本身采用了很多童话的原型、人物、典故，让人想到那本妙不可言的《童话是童话是童话》），接着是对此起源简洁的学理解释，最后是"隐藏的秘密"，类似注解与延伸的对话。三个部分，童话神奇幻妙，解释明朗浅近，答问广博风趣，几乎可以说，常立并非以孩子的心看待世界，看待万物，而根本就是一个孩子，以他的积累与想象完成每件事情自己的故事。值得一说的是，常立对万物起源的描述总有绵长的依恋，文字里有种久违的良善和温情。我相信，这样的良善来自一个孩子对另一个孩子的了解，这样的温情是一个孩子对另一个孩子的奉献。

某版小学教材有篇课文叫"我选我"，文中同学们给王宁的那阵掌声总令人如鲠在喉。有感于这种似是而非的选举观念，郭初阳撰写了童话《大人为什么要开会：运用规则获得自由》。童话主人公阿当在生活中不断感受到人与人的交往与共存，如何调整相互的关系，正是大人开会的智慧——"受限制，大家始显身手；有规律，吾侪方得自由"（歌德语）。阅读中分明看到那个玩着"剪刀、石头、布"的我和伙伴们，我们和阿当有着同样的疑惑："到底该听谁的呢？"于是，在你赢我输中，"所有的人放弃了自由选择的权利，也放弃了讨论、思考和判断"。中山先生曾云："孩提之学步也，必有保母教之，今国民之学步，亦当如是。"故其亲手编写《会议通则》，《大人为什么要开会》亦可看作此努力之接续，正是一册小学生版《罗伯特议事规则》。

在我看来，当下学校教育有三样最为缺失，一是生命教育（死亡教育），二是性教育，三是理财教育——为什么不能把所有东西买回家？童年时也没人给我讲这些，所以，这不仅仅是小朋友的问题，大人同样会为这件事苦恼。所以读蔡朝阳的《为什么不能把所有东西买回家》时我很开心，他为孩子启蒙，我给童年补课。听着"铅笔的故事"的菜虫大概不会想到，还有个大人也在津津有味思考这"看不见的手"。蔡朝阳在《寻找有意义的教育》里有一辑"教育从孩子开始"，《为什么不能把所有东西买回家》，正是他最好的开始吧。

"约翰叔叔是中国人吗？""李小龙是中国人吗？""我天生是中国人吗？""'再见'和'goodbye'一样吗？""中国人为什么穿西装？""中国人为什么不善于协作？"……蒋瑞龙的《我是中国人》就是由这样一组可爱的问题生发而成，正如傅国涌先生所评，作者"从家园出发，展开跟孩子的对话，推己及人，化抽象为形象"。相较于至今还在我脑中"地大物博、物产丰富"之类的宏大叙事，此书让孩子对中国和中国人的体认更为亲切、更为真实，既关注中国人的伟大之处，也不回避其丑陋一面。印象深刻的是书之末句"做崭新的中国人"，正与题记"吾心目中有一少年中国在"遥相呼应，是期待，是愿景，亦可谓"新童年启蒙书"起落所在。

恩德说："据我们的经验，孩子原则上丝毫也不关心的主题，或是孩子完全不理解的主题，是不存在的。问题是你如何用心，用头脑来叙述那个主题。"很显然，"新童年启蒙书"做到了。这一系列书书写着作者的人生观点、生活意义、正直信念，又承载了更多为人父亲的角色、责任、努力、期许、情感、不舍、关怀与无尽的爱。可以想象，小读者穿行在阿当、阿源、菜虫的故事与生活里，一定会欣然接受这充满爱与智的启蒙，大读者则可以将之放在身边，慢慢地、用心地阅读，在与童年的对话中，

"在只顾工作的奔忙中遗忘了的那些珍贵的东西——幽默、悲伤、孤独、相互扶助、别离、死亡、生命，会像烤画一样浮现出来"（柳田邦男语）。

最后，我实在忍不住要说一说常立讲"质量的起源"时抛出的可爱问题："一个人要怎样做才能让自己的生活有质量?"他的回答是："答案很简单，找到你心爱的人或事物——他们就是你的基态——然后把心里的锁链系在他们身上，你的生活就有了质量。"只是一瞬间，我就明白了，需要启蒙的，从来就不是童年的孩子，而是貌似成熟的大人。他的启蒙，你的童年，如此啊如此；他的童年，你的启蒙，如此啊如此……

把世界带给孩子

一

媒体人、专栏作家覃里雯曾有一篇谈高中生活的文章，其中有一段，距离初读总得十二三年了，至今仍然难以忘记。她是这么说的：

我进入柳州高中的那一年，漫长的"两伊战争"刚刚爆发；李奥纳多·伯恩斯坦指挥了他最后一场音乐会；东西德国在莫斯科签署了协议，开始结束这个国家乃至整个世界被两种对立制度分割的短暂历史；爱尔兰共和军依然活跃，策划暗杀和爆炸（当时世界各国还没有对"国际恐怖主义"这个词如此敏感）；将苏联制度引向解体的戈尔巴乔夫获得了诺贝尔和平奖；张艺谋还在拍摄真正值得尊敬的电影，比如《大红灯笼高高挂》和《菊豆》；在5000年历史上，中国普通农民第一次得到比城市市民更富裕的生活……那么多塑造今日世界的大事在发生，但是对我来说，它们好像只是戏剧舞台上的表演。我们背诵遥远的年代里发生的事情，却对它们背后的逻辑一无所知。

我愿意不惜篇幅抄下这些，就是因为最近又想起了这篇文章，尤其是这段话。回想起来，这段话在当时着实震动了我，使我一下子明白过来，我所从事的教育工作，根本就没有把"世界"带给孩子们。覃里雯至少还知道那些"好像只是戏剧舞台上的表演"，对更小一些的孩子来说，像小学生，这个"戏剧舞台"甚至是不存在的。

世界是什么？世界在哪里？——这重要吗？或者说，这是个问题吗？

这当然是个问题。

对世界的追问，对生活的追求，无论年龄、身份，本来就该是人之为人活着的动力，再进一步，追问世界的终极正是对自我的探求与确认，关心世界的人，才会真正关心自己。在法国学者阿尔贝·雅卡尔看来，"教育就是启蒙孩子做交流的游戏，与周围的人互相交流，与过去的或其他地方的人群和文明做单向交流"。所以，不管教育的内容是什么，是数学、物理、历史还是哲学，其目的并不是提供知识，而是借助知识，提供让人可以参与交流的最佳途径。如果，你不把世界带给孩子，他怎么参与交流？又拿什么与人交流？于是，有的只是僵死的分数和分数之后人生的无限空白，世界在我身边，但我连一眼都没看。

好吧，为什么最近会想起这段话呢？其实也很简单，我刚刚读了蒲公英童书馆所出麦克·莫波格作品一辑六册，是这一系列作品，让我又想起覃里雯的文章，又想起"把世界带给孩子"。

<h2 style="text-align:center">二</h2>

作为英国"桂冠童书作家"，麦克·莫波格是英语系国家很受欢迎的作家之一，出版百余部儿童文学作品，几乎本本畅销，并获无数大奖，如英国惠特布莱德童书奖、英国聪明豆童书奖，以及英国小读者自主票选的蓝彼得童书奖和红房子童书奖。

我刚读到的这一辑里有《归乡》《第94只风筝》《莫扎特问题之谜》《半面人》《遇见大鲸鱼》《遇见"塞尚"》，每一册都不厚，小小的，朴素而明净。《三联生活周刊》的主笔陈赛这样评价《半面人》："我不知道，一本小小的写给孩子看的书，可以包含如此巨大的伤痛，同时又提供如此深切的抚慰。"

事实上，这六本书，或者说莫波格的所有作品，从来都有着如此相同的质地。他面向真实世界，"以其健笔，引领读者穿梭时空，前一刻才置身美梦般的幸福，紧接着就直击人性的黑暗面，戏剧般的张力每每撼动人心"（刘凤芯语）。

陈赛的文章里写到，莫波格觉得自己缺乏某种天马行空的想象力，他说"我没法写幻想故事，我没法发明一个不存在的世界"，所以，他的故事永远来自现实。他对现实的关注、对世界的关心，一一呈现在这些长长短短或温情或明朗或清新或沉郁的故事里。

在这一系列中，《半面人》关注战争与战争里的人，战争，似乎是莫波格永恒的主题；《遇见大鲸鱼》关注的是人与自然、万物的相处；《归乡》直面核污染与环境保护；《第94只风筝》则将笔触延展到中东冲突；《莫扎特问题之谜》竟涉及集中营、大屠杀，还有此前的《柑橘与柠檬啊》，最为人所知的《战马》……莫波格的作品里，世界不曾远离，一直居于他视野的中心。最重要的是，他用一个又一个故事，将他的关注与关心转达给孩子，使得每一位读故事的孩子，感受到这一份关注与关心，从而生长自己的关注与关心。的的确确，莫波格把世界带给了他们，甚至更多更多。

"摧毁大多数留守家中的人对于他们不愿分担，也因缺乏想象力而无法意识到的痛苦的麻木不仁。"莫波格这是用诗人西格夫里·萨松的话，来表达他的一生所愿。

三

真的有很多很多痛苦是，如果缺乏想象力便无法意识到的痛苦。

日复一日，月复一月，他们不停地演奏着莫扎特那些欢快、悠扬的曲子，火车来了一趟又一趟，运来一批又一批新的囚犯。火葬场的一根根烟囱终日不休地喷着烈火、浓烟和恶臭。（《莫扎特问题之谜》）

可你没有停下，你朝坦克跑去，冲着它大喊大叫，还使劲朝它扔石

头。他们开枪你也不停，最后你突然停住了——你倒下了，静静地躺在地上，一动也不动。(《第 94 只风筝》)

麦克，他就在那儿，吉姆就在那儿，在大海深处的某个地方。他们全都在，跟着那艘船一起葬身大海的伙伴们，那些好小伙子们。从那以后，告诉你，我无数次向上帝祈愿，我宁可跟他们一起死去。(《半面人》)

我们默默地陪伴着彼此，眼看着车厢开始着火，火势迅速升级，火焰咆哮着，发出噼里啪啦的声响，熊熊火焰从车厢里冲出来，跳到窗子外面，像是要吞噬眼前的一切。……我知道我的心在一阵阵地抽搐，我哭了很久，很久，怎么也止不住泪水。(《归乡》)

没有箴言、训诫、议论，麦克·莫波格"只是感情充沛地生活在他所创造的现实之中，高兴着和痛苦着"(别林斯基语)，他坚定地认为"今天长大的每一个孩子，都必须思考他周围世界的种种冲突，他们都应该读一读《安妮日记》"。照这个说法，这些痛苦与悲伤，这些无处不在的、他意欲表达的情绪，正是莫波格故事的内核。只有进入这些，才能感受并明了莫波格真正想说的。

如果说这样的经历能让我获得什么，那就是我终于明白了困境与希望、怯懦与勇气、苦难与成熟的关系，它们始终交叠在一起，构成了我们认识的路径。悲伤、恐惧、失落、接连不断的打击……这些其实并没有什么可怕的，它们恰恰是情感升华的途径，与完整的人格相伴相生。(《柑橘与柠檬啊》)

完整的人格，必定来自完整的世界，也因此，"随着一个人慢慢长大，你拥有的知识越多，理解越多，你就越能够与一个美好的但同时也是复杂而困难的世界相处"。当莫波格将世界带给孩子，他不再是要逗乐他们，也不是要渲染、扩大某种坚硬与苦难，而是精巧地将悲伤、痛苦和令人震惊的事件，与当下充满希望和乐观精神的故事编织在一起，达成绝妙的平衡。只是，与其说这是文本内部的平衡，毋宁说这正是儿童生活与真实世界的平衡，甚至这平衡本身就寄托了莫波格某些重要的期许。《第94只风筝》的故事以"孩子们在欢呼、吹口哨、大笑"结尾，的确有人觉得这是"伤感的妄想"，但莫波格认为，"这是新一代的希望，新的一代可能会兴起于偏见与猜疑、伤害与仇恨之上。世界各国的和解也在推进之中。这是今天、昨天和明天的孩子们要做的事"。

四

很有意思，莫波格自认为无法虚构一个不存在的世界，却扎根现实写了这么多故事，构成了属于他的独一无二的"莫波格的世界"。他靠着什么把世界带给了孩子？我想到的，最重要的，是他对现实、他人的感受力。

《莫扎特问题之谜》里有一篇"作者后记"，他写到自己曾听说过的，纳粹逼迫演奏者们演奏莫扎特的交响乐，安抚因犯的情绪，使他们驯服地走向毒气室。接着，他写道："我忍不住会想，对一名热爱莫扎特的音乐家来说，在地狱般的境况里演奏莫扎特的曲子会是种什么样的感受——音乐家在劫后余生中再次演奏起莫扎特的曲子又会是什么样的心境。"

直到有一天，他在威尼斯街头看到一个倾听音乐的小男孩，故事就从这里开始了。

仔细想一想，我们靠什么才能存在于这个世界上？恰恰是人类对他人、他物的感受力和想象力，建立起了我们与世界的联系。如果莫波格，或者任何人，失去了对苦难的感受力，那么一切故事都将不会发生。

《第94只风筝》也是这样，莫波格最初的创作构思来源于一位巴勒斯坦孩子的诉求："我想请你讲一个关于我们的故事。"尽管起初他并不了解中东冲突，但此后他不断关注，努力"挖掘生活在高墙阴影下的人们到底是什么感受，不妄加指责，不肆意抨击，只还原真相"，最后就成了这样一个故事。

学者基兰·伊根说："故事这种形式是世界性的——任何人，任何地方，都有故事和喜欢故事。它们是用来捕捉和修正意义的最伟大文化发明之一。"这话当然没错，关键是谁，又如何来捕捉，毫无疑问，麦克·莫波格是最好的捕手。在一次演讲中，他提到他总是被那些遭受不公平待遇的孩子们所牵动，总在关注人类各种灾难和困境中孩子们的处境，总在不遗余力地为世界上所有孩子们呐喊他们的权利，对极端不公正现象进行控诉。对世界全面而真实的接触，成就了莫波格的好故事，他将他的感受力具体化，将这些主题转化为孩子们可以接受、可以进入的世界。这些故事所构建的世界，同样更新着每个参与其中的读者的体验，对自然、对战争、对人生、对苦难、对悲伤……康拉德·约瑟夫说"每一个时代都是靠幻想养育的"，原因大概正在于此。正是通过感受与想象的通道，每个孩子学会了如何与他人交往并自我建构，"以免人们过早地放弃生活，使人类走向死亡"（康拉德·约瑟夫语）。

五

据说，麦克·莫波格受让·焦诺的《种树的男人》影响极深。在这个故事里，那位孤独的牧羊人，用他一生的爱和坚定，造就了一片崭新的大地。梅子涵先生说麦克的作品是"帮助生命和世界的"，"呼出的气息只给世界干净，闪动的目光只给世界信心，说出的语言只给世界安慰"。确实如此，四十多年来，作为写作者的莫波格在写作之外，和他的妻子克莱尔共同主持了"城市儿童下农场"计划，为生活在城市里的孩子们开办了"慈善农场"，并且已经扩展到三处。他们每年都会邀请城里的孩子到农场体验乡村生活，并引导孩子们从动物和大自然中学习包容和宽恕。

想一想，这不也是在"种树"？把世界带给孩子的麦克·莫波格，不就成了他所热爱的"种树的男人"？

后　记

《教书·读书》收录了近 10 年来我所写的部分文章。

整理的时候，一篇一篇读过去，字字句句，依旧熟悉，却也陌生，某些篇目感受尤为强烈，甚至无端觉得，放到现在可能会写不出来了。

的确，里头每一篇都是"我"的文章，然而，回返那年那月、那时那地，"我"其实每时每刻都是不一样的，所以，再读文章，忽然起了正与曾经的每一个自己交谈的念头，又与他一同思考教育、关注儿童、琢磨语文、流连书本……

若论"教书"，我的履历再简单不过，在小镇上教了十四年，一个极偶然的机缘，来到现在这所学校，又是四年。十八年里，连教室都没换过几间，来来去去，就这么度过来。

"教书"一事，往小处说，无非是万千职业里的一种，到底不过是自家糊口之行；往大处说，且不谈经国之大业，至少对每个孩子，那几乎就是"命运"般的投入。如果他遇到的老师，带一个所谓的"大循环"，也就是从一年级带到六年级，好老师嘛，尚可期待，倘若相反，那还有比这更可怕的吗？由此而言，教书之人，则不可不慎，更得"读书"。

平凡如我，一天一天教书，一天一天读书，或许是唯一行得通、靠得住的自己救自己。

教育这件事，确实永无止境，看来，都不用好奇了——往后这日子，还是教书，还是读书。